사막교부들의 지혜

사막교부들의 지혜
THE WISDOM OF THE DESERT FATHERS

ⓒ 2007년 도서출판 은성
초판 발행:1994년 4월 30일
재판발행: 2007년 4월 30일
편역: 베네딕타 와드
역자: 엄성옥
발행처: 도서출판 은성
등록: 1974년 12월 9일 제9-66호
주소: 서울시 강동구 성내동 538-9 은성빌딩 5층
전화: 02) 477-4404
팩스: 02) 477-4405

http://www.eunsungpub.co.kr
e-mail: esp4404@hotmail.com

출판 및 판매에 관한 모든 권한은 본 출판사가 소유하고 있습니다.
출판사의 사전 서면 허락없이 상업적인 목적으로 번역, 재제작,
인용, 촬영, 녹음 등을 할 수 없음을 알려드립니다.

Printed In Korea
ISBN 89-7236-091-0 33230

THE WISDOM OF THE DESERT FATHERS

SYSTEMATIC SAYINGS
from the
ANONYMOUS SERIES
OF THE APOPHTHEGMATA PATRUM

Translated with an Introduction by
SISTER BENEDICT WARD SLG
Foreward by
Metropolitan Anthony Bloom

Original Published by SLG Press

사막교부들의 지혜

베네딕타 와드 편역
엄성옥 옮김

차례

서언 / 9
사막 교부들의 지혜 / 11
이집트 수도원의 지도 / 24
침묵과 양심의 가책을 추구하라 / 27
자신을 억제하라 / 35
정욕을 싸워 이겨라 / 47
인내와 흔들리지 않는 마음을 가지라 / 79
분별력을 기르라 / 95
다른 사람을 판단하지 말라 / 131
자기 과시와 야심을 피하라 / 134
항상 자신을 경계하라 / 127
자비를 베풀고 이웃을 사랑하라 / 151
순종하라 / 145
겸손하라 / 153

오래 참으라 / 175

사랑하라 / 183

환상을 보는 은사를 받은 교부들 / 195

이집트 수도원 연대표 / 203

참고 문헌 / 205

서언

사막 교부들의 전통은 기독교에 있어서 핵심적인 것이다. 나는 교부들의 교훈이 오늘날에도 우리에게 많은 것을 가르쳐 주고 있다고 확신한다. 그러나 사막 교부들의 교훈이 단순히 비현실적이거나 낭만적인 것으로 읽혀져서는 안된다. 기독교 박해 시대 때 사자가 순교자를 만든 것이 아닌 것처럼, 사막이 사막 교부들에게 영향을 미친 것은 아니었다. 사막은 어디에나 있었고, 사막의 영성은 어디에서나 발견될 수 있다.

우리는 종종 사막 교부들에 대해 오해하며 그들이 삶을 추구하는 방법이 잘못된 것이라고 이해하고 있다. 그것은 마치 수도사들의 제자들은 사람들 사이에서 빈둥대며 편하게 잘 지내는데, 정작 수도사들은 금욕생활을 통해 서로를 이겨 보려고 사막으로 나갔다는 말처럼 들릴 수 있다.

그러나 사실은 전혀 이와는 다르다. 인간은 삶을 하나님과 더불어 살 수도 있고 혹은 세상과 더불어 살 수도 있다. 그러나 사막에서 하나님만 의지해서 생활한 수도자들의 삶에 대한 이야기는 그들이 얼마나 세상에 의존하지 않고 살 수 있는가를 보여주는 유일한 방법이다. 궁극적으로 사막 교부들이 금욕 수행 자체를 목적으로 하여 점점 더 가혹한 금욕을 수행한 것은 아니었다. 그들은 금욕 수행으로 인해 더욱 더 자유롭게 되었다. 결국 이 세상에서는 뿌리가 뽑혔지만 저 세상에 뿌리를 내리고서 하늘을 향해 성장하는 신비한 중국의 나무처럼 되었다.

사막의 참된 영성의 본질은 절대적인 단순성이다. 즉 하나님과 인간 사이의 관계를 벗어난 것은 전혀 존재하지 않기 때문에, 모든 것을 포함하는 관계를 설정하면서 자신이 하나님 앞에 있다는 것을 의식하는 인간의 의식이다.

그렇기 때문에 사막이 의미가 있는 것이며, 온 우주는 사방에서 보호되고 있다. 이것이 이 사막 교부들의 교훈의 본질이다. 또한 이것은 다른 어느 시대보다 우리 시대에 그 의미가 있는 것이다. 우리는 이러한 유일하고도 근본적이며 철저한 기독교로 돌아가야만 한다. 그것은 그들이 행한 것을 그대로 모방하는 것이 아니라, 그들로부터 수정같은 단순성을 배워야 한다는 것이다.

『사막 교부들의 지혜』는 삶과 기도에 있어서 이러한 차원을 경험하게 하기 위한 하나의 방법을 제시한다.

안토니 블룸

사막 교부들의 지혜

『사막 교부들의 지혜』는 기독교 수도원 제도에 관한 일부 기록들을 모은 것이다. 4세기의 이집트, 시리아, 팔레스틴은 기독교 세계에서 새롭게 발생되고 있는 철저한 금욕 고행이 행해진 현장이었다. 수도적인 삶의 모든 형태는 복음의 내용에 따라 새롭게 시도되고 수정되었다.

400년 경의 이집트는 은둔자의 나라요, 그렇기 때문에 사람들이 일하고 싸우고, 세금을 지불하기를 원하는 세속 당국자들을 분노하게 만드는 근거지였다. 또한 비록 사람들을 오류에 빠지게도 하였지만 동·서방 기독교인들로부터 열광적인 찬양을 받았던 곳들의 중심지였다고 할 수 있다.

이집트에서 발견된 세 가지 유형의 수도적 삶의 형태는 지리적 구분과 대체로 일치하고 있다. 하부 이집트에서는 성 안토니$^{St.\ Anthony}$가 수도사 생활을 하면서 제자들로 하여금 고독한 삶 속에서 그를 추종하도록 했다. 또 상부 이집트에서는 성 파코미우스^{Pachomius}의 영감 아래서 큰 공동체를 형성하고, 사회와는 철저히 단절된 삶을 살고 있는 사람들이 있었다.

그리고 또 홀로 은둔 생활을 하는 사람들과 공주수도생활共住修道生活을 하는 두 극단적인 수도 유형의 중간 형태로서, 영적 교부와 교회 가까이에서 생활하면서 주일이면 교회에 모여 집회를 가졌던 공동체인 라브라^{lavra} 또는 스케테^{skete}가 출현했다. 이 집단은 특히 니트리아^{Nitria}에서 발견되었다.

팔레스틴, 시리아, 그리고 소아시아에도 수도원에서 금욕적인 삶을 살았던 기독교인들이 있었다. 이 지역에서 생겨난 이야기들과 교훈들이 종종 이집트 자료에서 발견된다. 그러나 수도원 세계에 지속적으로 영향을 준 기록들을 남기고 가장 큰 관심을 끈 곳은 이집트였다.

12세기의 이탈리아와 프랑스, 혹은 20세기의 미국에서 일어난 수도원 개혁 운동은, 이러한 기록들에 의하여 영적 자극을 받아서 일어난 것이었다.

성 안토니와 성 파코미우스와 같은 유명한 금욕주의자들의 삶에 관한 이야기와 편지, 그리고 아모나스의 편지들, 팔라디우스의 *Lausiac History* 처럼 사막을 여행한 여행가들의 기록, 또는 7명의 팔레스틴 수도사들의 모험담을 기록한 *Historia Monachorum in Aegypto*, 『사막 교부들의 삶』이 있다. 그러나 이 가운데에서 가장 뛰어난 것은 속담, 일화 그리고 이 모음집의 일부인 『교부의 금언집』$^{Apopbthegmata\ Patrum}$이라고 불리우고 있는 짧은 이야기들이다.

몇몇 은둔자들의 금언은 사람들에게 생생히 기억되었고, 또 그것은 한 수도사에게서 다른 수도사에게로 전수되어 마침내는 그리스어로 기록되었을 것으로 짐작된다. 그것은 두 가지 중요한 방식으로 수집되었다. 하나는 잘 알려진 수도사의 이름의 알파벳 순으로 『사막 교부들의 금언집』이라는 이름으로 정리된 것이며, 다른 하나는 사막에서의 영성생활과 관련된 주제들과 속담, 이야기들을 체계적으로 모은 것이다.

  수도사들의 공동체들은 그들의 창시자나 영적 교부들의 교훈들을 소중히 간직했을 것이며, 세월이 흐르는 동안 이 초기의 자료들은 한 가지 혹은 두 가지 형태로 재정리, 확대되었을 것이다. 그것들은 결국 서방 세계의 다른 나라 언어들로 번역되었고 *Vitae Patrum*이라는 라틴어 역본을 통해서 수도사들에게 널리 알려지게 되었다.

  기록된 원문들은 항상 원래의 자료에 첨가물이 덧붙여지게 되는데, 이 교훈과 일화들도 예외는 아니었다. 그렇다고 이 원문들 안에서 다른 곳에서보다 더 많은 사막의 단순하고도 참된 지혜를 발견할 수 있다. 그러나 이 교훈들이 수도원 생활의 완전하거나 일관된 일정표를 제시하는 것은 아니다. 오히려 그 교훈들은 그리스도 부활의 사실을 그들 삶의 근거로 삼고자 했던 대부분이, 문맹자들이 실제로 경험한 하나님의 행동의 실례를 제시하고 있는 것이다. 그 교훈은 사람과 장소에 관한 세부 사항들을 제시하고 있는 사진이나 또는 보이는 것을 통해서 영원한 진실을 제시하는 우상이 아니었다. 마치 그것은 대영 박물관의 콥트 전시관에서 볼 수 있는 밀랍에 그린 그림과도 같다. 그것들은 2세기부터 4세기까지의 이집트인에 대한 생생하고도 다채로운 그림이라 할 수 있다. 그리고 그것은 죽음 저편의 미지의 세계를 경험하게 하며, 다가올 세계의 대기실에서 잠시 서 있는 경험을 하게 하는 것이라 할 수 있겠다.

  이 책에 수록된 교훈들은 일정한 주제에 따라 각 항목으로 나뉘어서 15세기에 정리된 글들이다. 각 부분들은 비록 완전히 금욕적인 삶을 말하고 있는 것은 아니지만, 수도사들의 관심 있는 수도 생활에 대한 주제들을 반영하고 있다.

  이 책에 등장하고 있는 통찰, 침묵, 복종, 겸손 등과 같은 주제들은 존

카시안$^{\text{John Cassian}}$, 에바그리우스^{Evagrius}, 성 존 클리마쿠스$^{\text{St. John Climacus}}$와 같은 다른 초기 작가들에게서 매우 많이 다루어진 것들이다.

마찬가지로 이 책에 이어서 나온 『사막 교부들의 세계』에 실린 이야기 역시, 주로 수도사에 관한 것이었다. 그리고 이미 언급된 또 다른 사막에 관한 새로운 이야기이다.

교훈과 일화는 마음속으로 수도사의 삶을 살았던 사람들에 의해서 수집되었지만, 그들이 가지고 있었던 사상이 수도사들에게만 관심의 대상이 될 수 있는 것들은 아니었다. 물론 수도사들이 유일한 기독교인들이라거나 최고의 기독교인들이라고 주장될 수 없다. 그들은 단순히 극적이며 충동적이게 보이는 특이한 방식으로, 그리스도인으로서의 소명을 수행하는 사람들이었다.

사막의 문학은 모든 사람들을 위하여 복음 속에서 표현되고 있는 덕과 의무들을 하나의 포스터처럼 강하고도 생생한 색채로 표현하고 있다.

수도사들은 스스로를 다른 사람보다 나은 사람이 아니라, 하나님의 은혜가 더욱더 필요한 죄인이며 그 은혜를 받아들일 준비가 되어 있는 사람이라고 보았다. 그들은 만약 자기들이 구원받을 수 있다면 모든 사람들에게도 희망이 있다고 보았다. 후대의 저자는 그 사실을 다음과 같이 표현했다.

> 하나님은 모든 자유한 자의 생명이시다. 그분은 믿는 자들이나 믿지 않는 자들, 의로운 자들이나 불의한 자들, 수도사들이나 세속에서 살고 있는 자들, 교육받은 자들이나 문맹자들, 건강한 자들이나 병든 자들, 젊은 자들이나 늙은 자들 모두에게 구원자가 되신다. 그분은 예외 없이 모든 사람들에게 똑같이 주어지는 빛, 태양의 반짝임, 날씨의 변화와 같은 분

이시다.
　　　-요한 클리마쿠스, 『거룩한 등정의 사다리』 The Ladder of Divine Ascent

일정한 주제들을 체계적으로 정리한 이 책은 무엇보다도 사랑과 겸손의 덕에 대한 교훈들을 담고 있다. 이 책의 본문들은 신비적인 것이 아니라 금욕적인 것, 신비적 경험이 아닌 행동에 대해서 관심이 있다. 사실 몇몇 교훈들은 매우 놀랄 만한 계시와 환상에 관해 설명하고 있다. 예를 들면 겸손를 다루고 있는 부분에는 대천사 가브리엘 앞에 서 있다고 확신하고 있는 한 형제에 관한 이야기가 있다.

그는 그 천사에게 다음과 같이 대답했다: "당신은 제가 아닌 다른 사람에게 보냄을 받은 것이 아닐까요? 저는 천사의 방문을 받을 가치가 있는 사람이 아닙니다."

같은 부분에 그리스도를 만났음을 부인한 수도사에 관한 이야기들도 있다. 그들은 늘 하나님을 만났다는 것을 "나는 가치가 없는 사람입니다", "나는 이 세상에 계신 그리스도를 뵙기 원하지 않습니다"라는 말로 부인하였다. 직접적이며 사적인 계시는 의심을 받았지만 참된 겸손은 그것 자체에 보상이 있다고 믿어졌다.

어느 수도사는 성경의 어느 부분을 이해할 수 없었는데, 기도를 통해서도 그것에 대한 계시를 받지 못했다. 그리하여 그가 친구에게 가서 겸손히 그것에 대해서 묻고자 한 바로 그때 천사가 나타나서 말했다: "기도가 너를 하나님께 가까이 가게 한 것이 아니라 네가 자신을 낮춰 친구의 집으로 가고자 한 것 때문에 나는 성서 중 그 부분의 의미를 네게 설명해 주라고 보냄을 받았다."

사랑과 겸손에 관한 이러한 이야기들이 모두 엄숙하거나 딱딱한 것만은 아니다. 이 교훈들은, 이미 앞에서 인용한 대천사를 만난 수도사의 말에서 발견할 수 있는 것처럼, 그 자체 안에 약간의 유머를 담고 있기도 하다. 다른 사람들과 똑같은 사람이 되기 위해서 말싸움을 하기로 했지만, 도저히 싸울 수 없었던 두 수도사의 이야기는 스케테 공동체 일화에서 나온 것으로서 약간의 유머를 담고 있다.

여러 해 동안 함께 살면서 한 번도 싸움을 해 본 적이 없는 두 노인이 있었다. 첫째 노인이 두번째 노인에게 말했다. "우리도 다른 사람들처럼 한번 싸워 봅시다." 이에 두번째 노인이 말했다: "나는 어떻게 싸우는지 모른다네." 그러자 "보시게. 내가 여기에 벽돌 한 개를 가져다가 '이건 내꺼야' 라고 말하면, 자네는 '아니야. 그것은 내것이야' 라고 말하면 싸움이 시작되는 것이라네"라고 알려주었다. 그래서 그들은 벽돌 하나를 갖다 놓았다. 첫번째 노인이 말했다. "이것은 내 것이야." 두번째 노인이 말했다. "아니야. 그것은 내 것이야." 그러자 첫번째 노인이 말했다. "그것이 자네 것이라면 가져 가게나."

결국 그들은 말다툼을 할 수 있는 계기를 마련하지 못하고 싸움을 포기하고 말았다.

초기의 기록에 의하면, 사막에서의 수도 생활에는 내적 기쁨이 있었다. 어떤 이야기는 수도사들을 일관성과 열정을 가지고 신참자를 위한 수실^{修室}을 짓고 있는 자로 묘사하고 있다. 그들은 기쁨에 넘쳐서 그 수실의 기초를 놓고 있었다. 그들은 그것이 끝날 때까지 멈추지 않았다.

또 사막을 떠나 마을을 여행하려는 수도사들에게 음식을 마련해 주고 전심으로 그들을 즐겁게 해주려고 노력한 한 수도사에 관한 이야기가 있다. 강압에 의한 것이 아니라 자원해서 행하는 겸손이 진정한 것으로서 간주되었다.

한 수도사는 한 은둔자를 찾아갔다가 그곳을 떠나면서 은둔자에게 말했다.

"영적 아버지시여! 제가 당신의 법대로 살지 않고 떠나는 것을 용서해 주십시오."

은둔자는 그에게 말했다.

"당신을 즐겁게 하고 당신이 평안한 마음으로 떠나가게 하는 것이 나의 법입니다."

수도사들의 사랑을 사회 봉사와 혼동해서는 안 된다. 이 지혜의 모음집은 계속해서 수도사의 사역이 다른 사람들의 일상을 방해하는 것이 아니라 그리스도로 변화되기 위한 노력들이며, 그것을 통해서 그리스도의 현존을 세상에 알리는 것이라는 사실을 강조하고 있다.

이 모음집에 따르면, 오스트라키나로 가서 사람들에게 무기와 빵, 옷을 나누어 준 사람들은 수도사가 아니라 이교도들이었다. 그 도시의 가난한 사람들은 수도사들이 늘 사용하는 말 "내게는 나를 돌보고 계시는 하나님이 계시다. 그런데 당신들은 내게서 그 하나님을 빼앗아 가려 하는가?"라는 말로써 그들의 도움을 거절했다.

이 모음집에 있는 두번째 교훈은 사랑에 대한 계명을 철저히 지키려는 수도사들에 대해서 매우 자세히 기록하고 있다.

마음을 다해 하나님을 섬기기를 원하는 세 친구가 있었다. 그러나 그들은 각기 다른 방법으로 그 일을 이루기로 했다. 그들 중 한 사람은 사람들 사이에 평화를 조성하는 자가 되기로 했고, 또 다른 사람은 병자들을 방문하기로 했다. 그러나 그들은 그러한 사회 봉사가 그들에게 별 도움이 되지 못했음을 깨닫게 되었다. 낙담한 그들은 사막에서 홀로 명상을 하며 살아가는 친구를 찾아갔다. 그는 모든 크리스천에게 있어서 기본적으로 요구되는 것은 고요한 삶이며, 자신을 통해서 하나님으로 하여금 행동하시게 해야 한다는 제안을 했다. 더불어 수도사의 사역이 어떤 것인지를 논증해 보이기 위해 다음과 같이 행동했다.

얼마 동안 침묵이 흐른 뒤에 그는 대접에 물을 부었다. 그리고 그들에게 말했다.

"이 물을 들여다 보게나."

그리고 나서 그 대접을 흔들고 잠시 후에 그가 다시 말했다.

"이 물을 다시 들여다 보게나."

그들은 그것을 보았다. 거울과 같은 그 물에 비친 그들의 얼굴을 발견했다.

그때 그가 말했다.

"사람들 속에서 살아가는 것도 이와 마찬가지라네. 분주함은 사람들로 하여금 그들의 잘못이 무엇인지를 깨닫지 못하게 하지. 그러나 사람이 침묵 속에 있다면, 특히 사막 한가운데 있게 된다면 그는 자신의 잘못을 발견하게 된다네."

침묵, 이 비혼잡의 원리는 또한 사막에 관한 천연덕스럽고 실제적인 유머를 담고 있는 한 편의 짧은 이야기 속에서도 발견할 수 있다.

뜨거운 날씨에도 불구하고 동굴 속으로 돌아가기 위해 요르단의 모래톱 위를 걷고 있는 남자가 있었다. 그는 동굴 속에서 이를 드러내고 으르렁거리는 한 마리의 사자를 발견했다.

그 남자는 사자에게 말했다.

"왜 화가 났느냐? 이곳은 너와 내가 있기에 충분한 곳이 아니냐? 함께 있기 싫다면 네가 나거라."

그곳에 서 있을 수 없었던 사자는 굴을 떠났다.

수도사의 이러한 삶의 자세를 가장 잘 드러내고 있는 그림은 종종 생생하게 그려지기도 하며, 여기에서는 다음과 같이 표현되고 있는 '십자가에 달린 수도사'이다.

"그러므로 수도사는 이 세상의 모든 일로부터 벗어나서 십자가에 달려야 합니다. 수도사는 팔을 하늘을 향해 십자가 모양으로 벌리고 하나님께 부르짖어야 하지요. 그래야 하나님은 그들을 승리로 이끄십니다."

영역자의 글

여기서 번역된 『사막 교부들의 지혜』의 그리스어 원문과 『사막교부들의 세계』는 15세기 이집트에서 쓰여진 원문의 일부이다. 현재 파리 국립 박물관에 있는 그 원문은 MS Coislin 126으로 불리고 있다. 헬라어 원문은 M. 노[Nau]에 의해서 *Le Revue de L'Orixnt cbrétien*이라는 책으로 출판되었는데, 부분적으로만 불어로 번역되어 있었다. J. P. Migne는 『라틴 교부학』[Patrologia Latina 73]이라는 이름으로 그것을 라틴어로 번역했다. M. Guy는 그의 『교부 금언집』의 *Recbercbes sur la tradion greque*(Subsida Hagiogrphica 36, Brussels 1962)에서 그 헬라어 원문에 관해서 연구했다. Dom Lucien Regnault는 그의 *Les Sentences des Pères du désert, troisième recueil et tables*(Solesmes 1976)에서 그 헬라어 본문이 다른 모음집에서 유래된 것이라고 주장했다. 이 책에는 노의 책에 포함된 주제별 금언이 번역되어 있다(보다 자세한 내용에 대해서는 아래를 보라). 나는 그 교훈들에 1~238이라고 번호를 붙였다. 헬라어 원문에서 붙여진 번호와 현재의 번역에서 붙여진 번호와의 연관성은 아래와 같이 정리될 수 있다.

> 노의 책, vol. 1908, 금언 133-174(PP. 47-57) : 본서 1-42
> 노의 책, vol. 1908, 금언 175-215(PP. 266-283) : 본서 43-83
> 노의 책, vol. 1909, 금언 216-297(PP. 357-379) : 본서 84-165
> 노의 책, vol. 1912, 금언 298-334(PP. 204-211) : 본서 166-202
> 노의 책 vol. 1913, 금언 335-396(PP. 137-140) : 본서 203-238

헬라어 본문이 들어 있는 원문에 대해서 보다 자세히 알기를 원한다면 『사막 교부들의 세계』의 서문을 읽어 보라.

나는 이 책에 관해서 도움을 준 프랑스 학자들과 영국의 학자들의 감동적인 열정과 주의 깊은 충고에 깊은 감사를 드린다. 특별히 사막 교부들의 지혜의 성격이 무엇인지를 깨닫게 해 주는 머리말을 써 주신 것에 대해서, 그리고 수도원의 삶에 관한 탐구에 지속적인 관심을 보여주시고 있는 것에 대해서 안토니 대주교께 감사를 드린다. 하나님을 사랑하는 자매회의 여러 회원들은 나의 글에 대해서 많은 시간을 투자하고 냉철하게 비판해 주었다. 또한 옥스포드에 있는 중세와 르네상스 연구 센터의 몇 명의 연구생 역시, 헬라어 본문의 여러 번역본의 독본시에 적극적이며 비판적인 청중이 되어 주었다.

나의 목적은 영어권의 독자들에 의해 유용하게 사용될 수 있도록 수도원적 영성의 이 기본적인 전통을 보다 깊이 파헤치는 것이다. 그러므로 이 책은 비록 영어에서 완전한 동의어를 찾을 수 없는 *accedie*와 같은 몇몇 헬라어 단어를 그대로 사용하고 있지만 쉽게 이해할 수 있도록 번역되었다. 그러한 단어들에 대한 용어 풀이는 이 책의 속편이라 할 수 있는 『사막 교부들의 금언집』에 들어 있다. 이 책은 헬라어 본문에 대한 기본적인 해석이라 할 수 있으므로 독자들이 자유롭게 직접 그 본문을 읽는다면 더욱더 좋을 것이다. 좀더 많은 도움을 원하는 사람들은 『사막 교부들의 세계』에 있는 돔 콜룸바 스테바트(Dom Columba Stewart)의 서문을 읽어 보라.

헨리 나우웬(Henri Nouwen)이 사막 교부들이 살았던 세계와 흡사한 삶의 영역을 '묵시적 상황'이라고 불렀다고 하는 점에서 이 지혜서에 들어 있는 사막 교부들의 말씀들은 우리 시대에 있어서 복음에 대한 매우 적절한 해석을 담고 있다고 할 수 있다(헨리 나우웬, 『마음의 길』, 뉴욕, 1981, P. 9). 이 지혜는 더이상 수도사들의 수실과 같은 것이 아니라 바벨론의 풀무불이요, 구름기둥이다(74, P.24). 이 지혜에 대한 번역이 불과 암흑과 같은 고난의 현실 속에서 우리로 하여금 분명히 하나님의 아들을 발견하게 되리라는 것을 믿어 의심치 않는다.

1986년 옥스포드에서
Benedicta Ward SLG

이집트, 시나이, 팔레스틴 남부의 수도원 지도

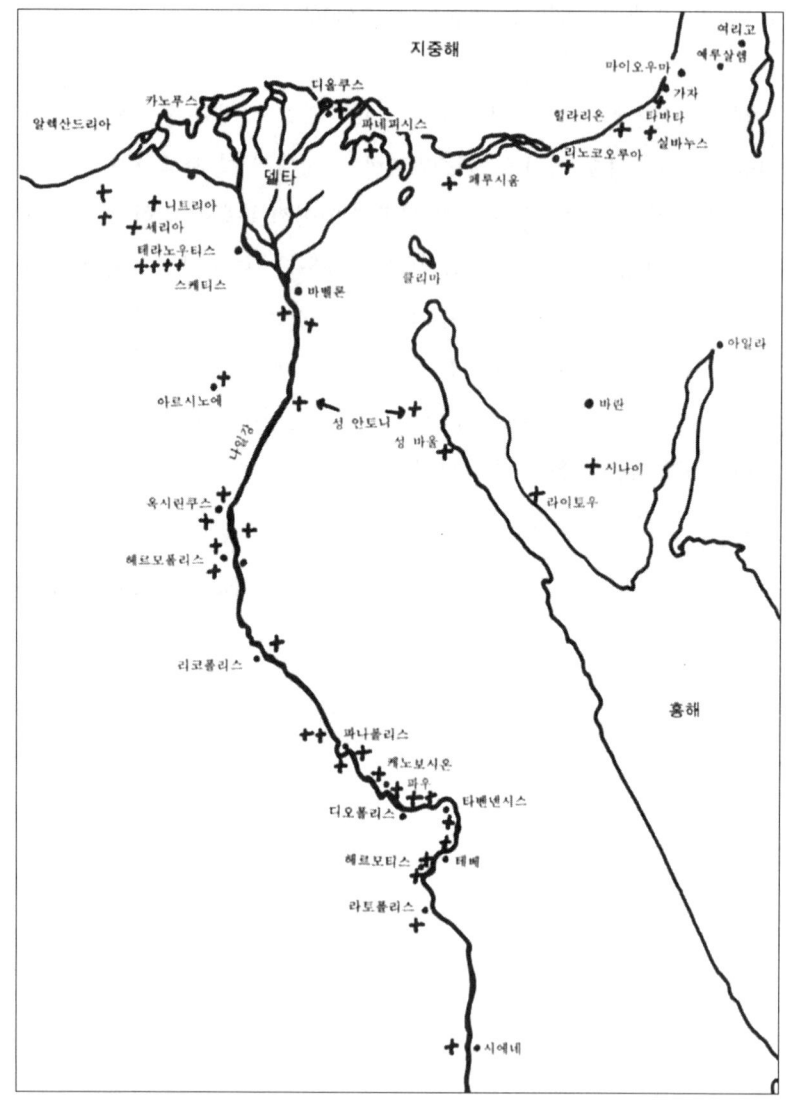

금언

침묵과 양심의 가책을 추구하라

◈1◈

한 사부가 말했습니다.
"수도사는 기회가 주어지는 대로, 그리고 육체의 노동에 의해서 자신을 괴롭게 함으로써 침묵을 얻어야 합니다."

◈2◈

힘든 일을 두려워할 줄 모르는 세 친구에 대한 이야기가 있습니다.
첫번째 친구는 "화평케 하는 자는 복이 있나니"라는 말씀에 따라 싸우는 사람들을 화해시키는 일을 하기로 했습니다.
두번째 친구는 병자를 방문하여 위문하는 일을 택했습니다.
세번째 친구는 사막에 나가서 기도하며 침묵에 잠기기로 했습니다.
첫번째 사람은 열심히 노력했지만 싸우는 사람들을 화해시킬 수가 없었습니다. 그래서 그는 슬픔에 잠겨 병자들을 돌보고 있는 두번째 친구를 찾아 갔습니다. 그러나 그 역시 실패하여 낙심하고 있었습니다. 그래서 둘은 사막에서 침묵 생활을 하고 있는 친구에게로 가서 그들의 당면하고 있는 어려움을 말하고 도움이 될 만한 충고를 청했습니다.

잠시 침묵하고 있던 세번째 친구는 대접에 물을 붓고 친구들에게 말했습니다.

"자, 물을 들여다 보게나."

갓 따른 물은 흔들리고 있었습니다.

잠시 후에 그는 다시 두 친구에게 말했습니다.

"이제 물이 얼마나 고요해졌는지 들여다 보게나."

두 친구가 물을 들여다 보니 거울같이 맑고 잠잠해진 물 위에 자신들의 얼굴이 비춰졌습니다.

세번째 친구가 말하기를, "사람들 속에서 살아가는 것도 이와 마찬가지라네. 소란스러움은 사람들로 하여금 자신의 죄를 발견하지 못하게 하지만, 침묵 속에 있으면, 특히 사막에 살고 있노라면 자신의 잘못을 발견할 수 있게 된다네."

∞ 3 ∞

한 사부는, 사막으로 가기를 원하면서도 어머니 때문에 그 일을 실천하지 못하고 있는 젊은이에 대한 이야기를 했습니다.

그 젊은이는 "나는 내 영혼을 구하기를 원합니다"라고 말하면서 자신의 소망을 포기하려 하지 않았습니다. 그의 열망에도 불구하고 그의 어머니는 그가 사막으로 가는 것을 허락하지 않다가 결국 허락하게 되었습니다.

그는 사막에 나가서 홀로 살았지만 빈둥대면서 나태한 생활을 했습니다. 그때 그의 어머니가 돌아가셨습니다. 후에 그는 중병에 걸렸고, 환상 속에서 그의 어머니가 심판을 받으려는 사람들과 함께 심판대에 선 것을 보았습니다. 그의 어머니는 그를 보자마자 아들에게 어이가 없어서 말했습니다.

"아들아, 이게 어떻게 된 일이냐? 너도 역시 심판받기 위해서 이곳에 온 것이냐? 네가 '나는 영혼을 구원받기 위해서 사막으로 가야 합니다' 라고 한 말은 어떻게 된 것이냐?"

그 말을 듣고서 그는 아무 말도 못하고 그곳에 서 있었습니다. 그때 그는 다음과 같은 음성을 들었습니다. "그를 여기에서 데리고 나가라. 나는 너를 어떤 수도원에 있는 똑같은 이름을 가진 다른 수도사에게로 보냈었습니다."

환상이 끝나자 정신이 돌아온 그는 자신이 본 것에 대해서 사람들에게 말했습니다. 그리고 그 꿈이 사실인지 확인하기 위해 그 수도원에 사람을 보내 자신과 이름이 같은 수도사가 죽었는지에 대해서 알아봐달라고 했습니다. 그런데 그 수도원에서 그의 꿈과 꼭같은 일이 일어 났다는 것을 알게 되었습니다.

젊은이는 병에서 회복되자마자 깊은 침묵 속에 잠겼다. 그는 회개했고 옛날의 나태한 삶을 애통했습니다.

그는 심하게 자신을 자책했습니다. 그래서 사람들은 그가 지나치게 많은 눈물을 흘려서 다시 병이날까 두려우니 자신에 대해 조금만 관대하라고 충고했습니다. 그러나 그는 "내가 어머니의 비난도 견딜 수 없었는데 심판날 그리스도와 거룩한 천사들 앞에서 어떻게 부끄러움을 견딜 수 있겠습니까?"라고 말하면서 자신에게 관대하기를 거부했습니다.

◦◦ 4 ◦◦

한 사부가 말했습니다.

"만약 사람이 공포 때문에 죽는다면, 부활하신 그리스도께서 다시 오시는 날 온 세상은 공포와 혼란으로 인해 멸망될 것입니다. 하늘이 열리고 하나님이 화와 분노 속에서 자신을 드러내고 수많은 천군 천사들이 나타나는 것을 본다는 것은 얼마나 두려운 일입니까! 그러므로 매일의 삶을 하나님 앞에서 마지막인 것처럼 살아야 합니다."

◦◦ 5 ◦◦

한 수사가 사부에게 말했습니다.

"어떻게 하면 영혼이 하나님을 두려워할 수 있겠습니까?"

그러자 사부가 말했습니다.

"만약 어떤 사람이 겸손하며 가난한 삶을 살고 남을 판단하지 않는다면, 그는 하나님을 두려워하는 사람입니다."

～6～

한 수사가 사부를 찾아가서 그에게 물었습니다.

"사부님, 왜 저의 마음은 이처럼 완고하며, 하나님을 두려워하지 않는 것입니까?"

사부가 그에게 말했습니다.

"사람이 자신을 깊이 꾸짖는 마음을 가지고 있다면, 그는 하나님을 두려워하게 될 것입니다."

"어떤 꾸짖음입니까?"

"무엇을 하든지 '너는 항상 하나님 앞에 이르게 됨을 기억하라'고 말하면서 자신을 나무라야 합니다. 또한 스스로에게 다음과 같이 말해야 합니다. '다른 사람들과 더불어 내가 무엇을 해야 하는가?' 나는 이러한 삶을 사는 사람에게는 하나님께 대한 진정한 두려움이 임하게 된다고 생각합니다."

～7～

사부는 싱글거리며 웃고 있는 사람을 보고 말했습니다.

"우리는 반드시 하늘과 땅 앞에서 우리의 삶에 대해서 아뢰어야 하는데, 그 때에도 웃을 수 있어야 하지요."

∽ 8 ∽

사부가 말했습니다.

"우리가 어느 곳을 가든지 그림자를 끌고 다녀야 하는 것처럼, 우리는 가는 곳마다 눈물과 양심의 가책을 가지고 다녀야 합니다."

∽ 9 ∽

한 수사가 사부에게 물었습니다.

"무엇을 하면 좋겠습니까?"

사부는 대답했습니다.

"우리는 항상 울어야 합니다."

어느 날 사부 중 한 사람이 죽었습니다. 오랜 시간이 흐른 뒤에 그는 다시 살아났습니다. 제자가 그에게 물었습니다.

"그곳에서 무엇을 보셨습니까?"

그가 울면서 말했습니다.

"저 위에서 나는 '내게 화가 있도다. 내게 화가 있도다' 라며 우는 소리를 들었습니다. 그러므로 우리도 끊임없이 울어야 합니다."

∽ 10 ∽

한 수사가 사부에게 말했습니다.

"눈물을 흘리려고 해도 사부들이 말씀하셨던 그런 눈물이 제게는 왜

흐르지 않는 것일까요? 저는 매우 두렵습니다."

그러자 사부가 그에게 말했습니다.

"이스라엘 사람들은 사십 년을 광야에서 지낸 뒤에 약속의 땅으로 들어갔습니다. 우리가 약속의 땅에 들어갔을 때는 더이상 싸움에 대한 두려움이 없어지는 것입니다. 사실 하나님은 영혼이 눈물을 흘리기를 원하시는데, 이를 통해서 끊임없이 그 약속의 땅을 바라보게 하기 위해서지요."

○11○

한 수사가 사부에게 물었습니다.

"어떻게 하면 구원받을 수 있습니까?"

사부는 하던 일을 멈추고 허리띠를 졸라맨 후 하늘을 향해 손을 뻗으면서 다음과 같이 말했습니다.

"수도사는 이렇게 해야 합니다. 이 세상의 모든 일로부터 벗어나서 십자가에 달려야 합니다. 경기를 하는 선수가 주먹을 휘두르는 것과 마찬가지로, 수도사는 묵상 속에서 하나님을 부르면서 그의 팔을 십자가 형태로 하늘을 향해 벌리고 서 있어야 합니다. 운동 선수가 옷을 벗은 채 경주를 하듯이, 수도사는 기름을 바르고 그의 교부로부터 어떻게 싸울 것인가를 가르침받은 대로 싸우기 위해서 모든 잡념을 버리고 벌거벗은 채 서 있어야 합니다. 그래야 하나님이 그를 승리로 이끄십니다."

자신을 억제하라

∽12∽

한 번은 스케테 공동체에 축제가 벌어졌는데, 사부에게 포도주 한 잔을 드렸습니다.

그는 포도주를 사양하면서 "이 죽음의 잔을 나에게서 거두어 주십시오"라고 말했습니다. 이를 본 모든 사람들 역시 포도주를 마시지 않았습니다.

∽13∽

한 수도사는 아침 일찍부터 배가 고팠습니다. 그는 3시에 드리는 기도

시간 전에는 결코 음식을 먹지 않으려고 자신의 욕망과 싸웠습니다. 3시 기도 시간이 되었을 때, 다시 6시 기도 시간까지 참아보기로 했습니다.

여섯 시가 되자 그는 빵을 잘라 식탁 위에 놓았습니다. 그리고 나서 다시 자신에게 말했습니다.

"이제는 9시 기도 시간까지 참아보자."

9시 기도 시간에 그는 기도드리면서 그를 자극하였던 마귀의 힘이 연기처럼 몸에서 빠져 나가는 것을 보았으며 배고픔이 사라진 것을 경험하게 되었습니다.

14

한 제자가, 20년 동안 자리에 눕지 않고 일하던 자리에 그대로 앉아서 잠을 자는 한 스승에 대해서 말했습니다:

그는 20년 동안 이틀 혹은 4일이나 5일에 한 번 식사하셨으며, 드시는 동안에도 한 손은 기도하기 위해서 하늘을 향해 올리고, 다른 손으로 음식을 집어 드셨습니다.

"왜 이렇게 하십니까?"

스승은 "나는 하나님의 심판이 눈 앞에 있는 것을 보고 있으며, 그것을 피할 수 없음을 알기 때문이라네"라고 대답했습니다.

어느날 기도 시간에 나는 기억이 희미해져서 시편의 한 단어를 잊는 실수를 범했습니다. 그 기도를 다 마쳤을 때 스승이 말씀했습니다.

"나는 기도하고 있을 때 나 자신이 불구덩이의 꼭대기에 서 있다고 생각한다네. 그러므로 왼쪽이나 오른 쪽으로 쓰러지지 않도록 정신을 바짝

차리고 있지. 기도할 때 자네 정신이 어디가 있었길래 시편의 단어 하나가 자네에게서 도망갔는가? 자네는 하나님 앞에 서 있으며 하나님께 말씀드리고 있는 것을 알지 못하는가?"

또 어느날 스승은, 밤에 내가 수실 입구에서 잠든 것을 보셨습니다. 스승은 거기에 서서 나를 위하여 애곡하고 눈물을 흘리면서 말씀하셨습니다.

"이렇게 편히 자고 있는 이 사람의 진정한 자아는 어디로 가버렸는가?"

∽15∽

한 수사가 매우 놀라운 경험을 한 사부를 찾아와서 말했습니다.
"저는 너무 고통스럽습니다."
그러자 그 사부가 말했습니다.
"수실에 들어가 홀로 앉으시오. 그러면 하나님이 평화를 주실 것입니다."

∽16∽

누군가가 수도사들의 수실에 새로 담근 포도주 한 항아리를 가져와 형제들에게 나누어 주기 시작했습니다. 그런데 한 수사가 지붕으로 피했습니다가 지붕이 무너지는 바람에 마당으로 떨어졌습니다.

다른 수도사들은 마당에 넘어진 그를 보고 비난하듯이 "바보! 꼴 좋다"라고 말했습니다.

그러나 수도원장이 와서 그를 일으켜 주면서 말했습니다.

"내 아들을 내버려 두시오. 그는 선을 행하였소. 그것도 주님의 뜻이오. 내가 살아 있는 한 나는 이 지붕을 수선하지 않겠소. 그래서 세상으로 하여금 수실의 지붕 하나가 포도주 한 잔 때문에 무너졌음을 알게 할 것이오."

17

한 사부가 다른 사부를 찾아갔습니다. 방문을 받은 사부는 제자에게 말했습니다.

"우리를 위하여 콩을 준비해 주시오."

제자는 그 명령대로 했습니다. 또 스승이 말했습니다.

"빵도 준비해 주시오."

제자는 또 그대로 빵을 준비했습니다.

그런데 그들은 다음날 여섯 시 기도 시간이 될 때까지 영적인 이야기를 나누면서 그대로 앉아 있었습니다.

사부는 또 다시 제자에게 말했습니다.

"우리를 위하여 콩을 준비해 주시오."

제자는 말했습니다.

"이미 어제 준비해 두었습니다."

그들은 그제서야 비로소 음식을 먹기 시작했습니다.

～18～

사부가 교부 중 한 사람을 찾아 갔습니다. 그는 콩을 삶고 있었습니다. 사부는 그에게 말했습니다.

"함께 기도합시다."

그리고 한 사람은 시편 기도문 전체를 암송했고, 다른 한 사람은 마음을 다해 두 예언서를 암송했습니다. 아침이 되자 방문했던 사람은 떠나갔습니다. 그들은 식사하는 것을 잊었습니다.

～19～

사부 중 한 사람이 병이 들어 여러 날 동안 음식을 먹지 못했습니다. 제자는 그의 원기를 북돋아 줄 음식을 만들기로 했습니다. 그곳에는 꿀이 담긴 병과 불을 밝힐 때 사용하는 악취나는 아마인유가 들어 있는 병이 있었습니다. 제자는 사부가 드실 음식에 꿀 대신에 아마인유를 넣는 실수를 범했습니다.

음식을 먹는 동안 사부는 아무 말도 하지 않았습니다. 제자가 음식을 더 권하자 스승은 음식을 더 먹었습니다. 제자가 세번째로 권하자 스승은 말했습니다.

"아들아, 이제는 정말 더이상 못 먹겠구나."

제자는 더 드실 것을 권하면서 말했습니다.

"아버지시여! 좋습니다. 저두 함께 먹겠습니다"

제자는 자신이 만든 음식을 먹었습니다. 음식을 입에 대자 마자 제자는 자신이 음식을 잘못 만든 것을 알고 당황하여 말했습니다.

"아이구, 스승님을 돌아가시게 할 뻔 했습니다. 그런데 왜 제가 음식을 잘못 만든 것을 아시고도 아무 말씀도 하지 않으셨습니까?"

스승님은 "괜찮다. 아마 하나님이 내게 꿀을 먹이시려고 하셨다면 자네가 음식에 꿀을 넣었을 것이다"라고 했습니다.

◈20◈

한 사부가 어느날 무화과가 먹고 싶었습니다. 그는 무화과 하나를 따서 그것을 자기 눈 앞에 매달아 놓았습니다. 그는 자기 욕망에 굴복되지는 않았으나, 그러한 욕망을 갖게 된 자신을 비난하면서 회개했습니다.

◈21◈

한 수사가 병든 동생을 방문하기 위해 수녀원에 갔습니다. 그녀는 규칙을 매우 정확하게 잘 지키는 사람이었습니다. 그래서 비록 친오빠였지만 여자들이 모여 사는 수녀원에 들어오는 것을 허락하지 않았습니다. 그녀는 "오빠! 돌아가세요. 그리고 우리가 그리스도의 은혜에 의해서 하늘나라에서 만날 수 있도록 기도해 주세요"라는 말을 다른 사람을 통하여 전했습니다.

⚜22⚜

길에서 수녀들을 만난 한 수도사가 그곳을 피해서 길을 돌아가고자 했습니다. 그것을 본 수녀원장이 그에게 말했습니다.
"당신이 완벽한 수도사라면, 당신은 우리가 여자라는 사실도 인식하지 못했을 것입니다."

⚜23⚜

한 수사가 갓 구운 빵을 가져와서 사부들을 식사에 초대했습니다. 그들은 빵 두 개만 먹고는 그만두었습니다. 그러나 그들이 얼마나 가혹하게 금욕을 수행하고 있는지를 알고 있는 수사는 엎드려 절하면서 이렇게 말했습니다.
"오늘은 주님을 위하여 배불리 드십시오."
그러자 그들은 열 개씩 더 먹었습니다. 금욕자들이 자신이 필요로 하는 것보다 얼마나 적게 먹는가를 보여 주는 이야기입니다.

⚜24⚜

한 사부가 심한 질병으로 고통당하고 있었는데, 그에게는 말린 자두가 있었습니다. 제자가 그를 위하여 죽을 끓이다가 그 자두를 죽에 넣었습니다. 제자는 죽을 스승에게로 가져와서 말했습니다.
"이 죽은 먹기에 좋고 또 스승의 몸에도 좋을 것입니다."

그러나 스승은 그것을 오랫동안 바라보기만 하다가 입을 열었습니다.
"나는 주님께서 이 병을 또 다시 30년 동안 걸리게 하시기를 진정으로 원합니다."

중병에 걸렸음에도 불구하고 그 사부는 죽으로 만든 음식조차도 거절했습니다. 그래서 그 제자는 그 죽을 들고 자기 수실로 돌아갈 수 밖에 없었습니다.

⁓25⁓

한 사부가 멀리 떨어져 있는 사막에서 살고 있었습니다. 한 수사가 그를 찾아 갔을 때 사부는 병들어 있었습니다. 그는 사부를 돌봐주고 그가 가져온 재료로 음식을 만들어 먹기를 청했습니다. 사부는 대답했습니다.

"형제여! 나는 사람이 음식을 먹음으로써 기운을 차릴 수 있음을 잊었습니다."

수사는 그에게 포도주도 한 잔 권했습니다. 그러자 그는 울면서 "나는 죽기 전에는 술을 먹을 수 없습니다"라고 말했습니다.

⁓26⁓

한 사부가 40일 동안 물을 마시지 않는 고행을 실천하기로 했습니다. 그는 날씨가 더워질 때를 대비해서 주전자 하나를 씻어서 물을 가득 붓고는 그것을 자기 눈 앞에 매달아 놓았습니다. 사람들이 그렇게 한 까닭을 묻자 그는 대답했습니다.

"이렇게 하면 갈증이 나를 더욱 괴롭히게 될 것이고, 그렇게 되면 나는 하나님으로부터 더 큰 보상을 받게 될 것입니다."

∽27∽

한 수사가 나이가 지긋한 어머니와 함께 길을 걷고 있었습니다. 이윽고 그들은 강에 이르렀는데, 어머니는 그곳을 건널 수 없었습니다. 아들은 자신의 손이 어머니의 육체에 직접 닿지 않게 하기 위하여 외투를 벗어서 자신의 손을 감싼 다음 어머니를 업고 강을 건너갔습니다. 어머니가 아들에게 물었습니다.

"아들아! 너는 왜 손을 옷으로 감쌌느냐?"

그가 어머니에게 대답했습니다.

"여인의 육체는 불과 같습니다. 그것으로부터 다른 여인을 원하는 마음을 갖게 하지요. 그렇기 때문에 제가 그렇게 행동했던 것입니다."

∽28∽

교부 중 한 사람이 말했습니다.

"나는 부활절 전, 일주일 동안 수실에서 금식을 하고 있는 한 수사를 알고 있습니다. 토요일 저녁 사람들이 예배드리기 위해 함께 모이게 되면, 그는 음식을 먹지 않으려고 예배가 끝나자마자 자신의 방으로 도망가서는 준비해 두었던 삶은 나물을 빵도 없이 먹을 뿐입니다."

◈29◈

어느 날 스케테의 한 사제가 알렉산드리아의 대주교인 복되신 테오필루스를 방문했습니다. 그가 스케테로 돌아오자 수사들은 "그 도시는 어땠습니까?"라고 물었습니다.

"형제들이여! 나는 대주교님 외에 다른 사람은 보지 못했소."

이 말을 듣고 수사들은 놀라서 다음과 같이 말했습니다.

"아버지시여, 그러면 그곳의 모든 사람들이 죽었다는 말입니까?"

"아니오, 다른 사람들을 보고자 하는 유혹이 나를 이기지 못했소."

이 말을 들은 그들의 마음이 사제에 대한 칭송으로 가득차게 되었고 이곳저곳을 바라보려는 유혹으로부터 그들의 눈을 보호하는 일에 힘쓰게 되었습니다.

◈30◈

어느날 몇몇 교부들이, 대주교 테오필루스에게서 그곳 도시의 이방 성소가 무너지도록 기도해 달라는 요청을 받고 알렉산드리아로 갔습니다. 그들이 그와 함께 식사를 하고 있을 때 송아지 고기가 나왔습니다. 아무도 그것이 쇠고기라는 것을 눈치채지 못한 채 먹고 있었습니다. 대주교가 한 조각을 집어 옆에 앉은 사부에게 주면서 먹기를 권했습니다.

"아버지시여! 이 부분이 송아지 고기의 가장 맛있는 부분입니다. 자, 드시지요."

그러자 그들이 대답했습니다.

"지금까지 우리는 야채를 먹고 있는 줄로 생각했습니다. 그런데 이것이 고기라면 더이상 먹지 않겠습니다."
 그리고 나서 그들은 모두 더이상 먹지 않았습니다.

정욕을 싸워 이기라

◈31◈

한 수사가 욕정으로 괴로워하고 있었습니다. 그 욕망은 마치 밤이고 낮이고 끊이지 않고 타오르는 불길 같았습니다. 그는 이러한 욕망에 사로 잡히지 않으려고 애썼습니다.

오랜 시간이 흐른 후 그의 인내심을 이겨낼 수 없었던 욕망은 결국 물러났습니다. 그러자 그 즉시 마음속에 밝은 빛이 임했습니다.

◈32◈

또 한 수사 역시 정욕으로 인해 괴로워하고 있었습니다. 그는 밤에 잠자리에서 일어나 한 사부를 찾아가 자기의 고민을 털어놓았습니다. 사부가 그를 위로해 주었습니다. 그는 힘을 얻은 후 자기 방으로 돌아왔습니다.

그러나 다시 격렬한 싸움이 시작되었습니다. 또 다시 그는 사부를 찾아갔습니다. 이렇게 여러 번 반복했습니다.

사부는 번번히 찾아오는 수사를 귀찮아하지 않고 오히려 격려해 주었습니다.

"포기하지 마십시오. 마귀가 당신과 싸우러 올 때마다 나를 찾아오십시오."

수사는 시험을 통해 덤벼드는 마귀와 싸웠습니다. 그리하여 그가 자신과의 싸움에서 이기게 되자 마귀는 사라졌습니다. 사람이 자신의 욕망을 포기하는 것보다 욕망의 마귀를 괴롭게 하는 것은 없으며, 사람이 자신의 육적인 욕망에 지는 것보다 마귀가 더 좋아하는 것은 없습니다.

◈ 33 ◈

한 수사에게 욕정이 끓어 올랐다. 그는 욕정과 싸웠으며, 더욱 가혹하게 금욕을 수행함으로써 그 욕정에 굴복되지 않으려고 했습니다.

후에 그는 교회의 모든 사람들에게 그 문제를 알렸습니다. 그러자 그의 욕망이 사라지도록 돕기 위해 한 주일 동안 고행을 하고, 그를 위하여 기도하라는 명령이 모든 사람들에게 부여되었습니다.

◈34◈

정욕으로 인한 시험에 관해서 어느 늙은 은둔자가 말했습니다.

"당신은 죽은 뒤에 구원을 받기를 바랍니까? 가서 일하시오. 자신에게 힘든 일을 부과하십시오. 가서 구하시오. 그리하면 얻게 될 것입니다. 깨어 있으시오. 그리고 두드리시오. 그러면 열릴 것입니다. 이 세상에는 경기장에서 싸우는 자들이 있습니다. 인내하는 자는 비록 무수한 매를 맞더라도 마침내 면류관을 얻게 됩니다. 어떤 경기에서는 한 명이 두 명과 싸우기도 하지만, 얻어 맞음으로 인하여 오히려 분발하여 두 명의 상대방을 때려 눕힐 수도 있습니다. 당신은 그가 육체의 운동을 통해서 힘을 소유하게 되었음을 알지 못합니까? 힘차게 행동하시오. 그러면 하나님이 너를 대신해서 너의 적과 싸우실 것입니다."

◈35◈

같은 문제에 대해서 또 다른 사부가 말했습니다.

"그것은 시장을 통과하여 여인숙 앞을 지나가면서 고기를 굽는 냄새를 맡는 사람과 같습니다. 만일 그가 그것을 기뻐한다면 그는 그것을 먹기 위해 그곳으로 들어갈 것이지만, 그렇지 않다면 그는 그 냄새를 맡고서도 자신의 길을 계속 갈 것입니다. 이것은 당신에게 있어서도 마찬가지입니다. 나쁜 냄새를 피하십시오. '하나님의 아들이시여! 나를 도우소서'라고 기도하면서 깨어 있으십시오. 다른 시험이 임할 때도 이처럼 행하십시오. 왜냐하면 우리는 욕망의 뿌리를 뽑아버릴 수는 없어도 그것에 저항할 수는 있기 때문입니다."

36

한 수사가 사부에게 말했습니다.

"만일 한 수도사가 유혹에 빠지는 경우, 그는 완벽함에서 낮은 단계로 떨어진 것 때문에 슬퍼하게 될 것입니다. 그리고 그는 다시 일어나려고 노력할 것입니다. 반면에 세상에서 사막으로 막 나온 자는 초보자로서 오히려 크게 진보할 수 있지 않습니까?"

사부가 그에게 말했습니다.

> "유혹에 진 수도사는 흡사 무너진 집과도 같습니다. 정신을 차리고 주위를 둘러 보면 토대, 벽돌, 나무 등 무너진 집을 다시 지을 수 있는 재료를 구할 수 있을 것입니다. 그리고 터를 한 번도 골라 보지도 못하였고, 땅을 파본 적도 없고, 기초를 놓아 본 적도 없고, 더구나 집을 짓는 데 어떤 재료가 필요한지도 모르지만, 언젠가는 집이 완성되리라는 희망만 가지고 멍청히 있는 사람보다는 빨리 집을 지을 수 있을 것입니다. 오랫동안 수도 훈련을 겪은 뒤에 유혹에 진 수도사는 이와 같습니다. 만약 그가 회개한다면 집을 짓는 데 필요한 많은 재료—명상, 시편 낭송, 육체 노동—를 구할 수 있습니다. 수도사는 바로 이전 단계로 되돌아갈 수 있는 반면에 초보자들은 이 모든 것들을 처음부터 배워야 합니다."

37

욕정에 시달리고 있는 한 수사가 위대한 사부를 찾아가서 충고를 요청했습니다.

"욕망에 시달리고 있사오니 저를 위해서 기도해 주십시오."

사부는 그를 위해서 하나님께 기도했습니다. 두번째로 그가 또 사부를 찾아와서 기도를 요청했습니다. 사부는 더욱 더 열심히 그를 위해서 기도했습니다.

사부는 하나님께 "주님, 제게 이 형제의 삶의 태도를 밝히 알게 하시고 악마의 행위가 어디로부터 연유하는지를 알게 해 주십시오. 왜냐하면 제가 이미 그에게 충고했으나 그는 평화를 발견하지 못했기 때문입니다"라고 기도했습니다.

그러자 하나님께서 그 형제에 관해 그에게 계시해 주셨습니다. 사부는 그가 욕망을 곁에 두고서 그 생각을 즐기고 있으며 그를 돕기 위해서 하나님께서 보내신 천사는 곁에서 그가 하나님께 엎드리기보다는 악마의 충동에 마음을 빼앗겨서 그 생각을 즐기고 있기 때문에 화가 나있는 모습을 보게 되었습니다. 사부는 그 원인이 수사 자신에게 있음을 알고 그에게 "욕망에 동의하고 있는 것은 당신입니다"라고 말했습니다.

그리고 나서 사부는 그에게 어떻게 하면 그러한 생각에 저항할 수 있는지를 가르쳤습니다. 그리하여 수사는 사부의 기도와 가르침에 의해서 안정을 되찾을 수 있게 되었습니다.

◈38◈

한 위대한 사부의 제자가 한 때 욕정에 의해서 시달림을 받았습니다. 그가 기도하고 있는 것을 보면서 사부가 그에게 말했습니다.

"내가 하나님께 자네를 이 싸움에서 구해 달라고 기도드려 주기를 원하는가?"

"아버지시여, 저는 제가 고통 중에 있음을 압니다. 그리고 이 고통이 제 안에서 결실을 맺게 할 것도 압니다. 그러므로 하나님께 제가 이 고통을 견딜 수 있는 힘을 달라고 기도해 주십시오."

그러자 그의 스승은 "이제 자네의 온전함이 나를 앞질러 버렸네"라고 말했습니다.

~39~

한 사부가 아직은 여자를 알지 못하는 어린 아들을 데리고 스케테로 내려갔다는 이야기가 있습니다.

아들이 성인이 되었을 때 마귀가 여인의 모습으로 그에게 나타났습니다. 아들은 놀라서 마귀가 나타났음을 아버지에게 알렸습니다. 한 번은 그가 아버지와 함께 이집트로 갔을 때 그곳에서 여자들을 보고 아버지에게 말했습니다.

"아버지, 이 사람들은 스케테에 있을 때 밤이면 나를 찾아온 사람들이에요."

"아들아, 이들은 재속 수녀들이란다. 그들은 은둔자들과는 다른 옷을 입고 있단다."

사부는 사막에서 마귀가 여인의 모습으로 나타난다는 사실에 놀라 즉시 그들의 거처로 돌아갔습니다.

～40～

스케테의 한 수사는 시련을 잘 견디는 사람이었습니다. 마귀는 그에게 아주 아름다운 여인을 생각나게 함으로써 그를 괴롭혔다.

하나님의 섭리로 또 다른 수사가 이집트에서 스케테로 왔는데 함께 이야기를 나누는 중에, 어떤 부인이 죽었다는 이야기를 해주었습니다. 그런데 여인은 바로 이 수사로 하여금 고통을 겪게 만든 그 여인이었습니다.

이 소식을 들은 그는 외투를 입고 밤에 그녀의 무덤을 찾아 갔습니다. 무덤을 파서 시체를 꺼내 그의 외투로 시체가 썩어서 나오는 물을 닦고, 시체를 자기 방으로 가져왔습니다. 그는 시체를 바라보며 정욕에 사로잡혔던 생각을 더듬어 보았습니다. 그리고 스스로 말했습니다.

"이것이 네가 갈망하던 것이다. 지금 너는 그것을 갖고 있다. 그러니 이제 만족하거라."

그는 자신과의 싸움이 완전히 끝날 때까지 시체에서 나는 악취로 자신을 벌하였습니다.

～41～

어느날 어떤 사람이 수사가 되기 위해서 스케테를 찾아왔습니다. 그는 이제 막 젖이 떨어진 아들과 함께 왔습니다. 그 아들이 청년이 되었을 때 마음의 갈등이 시작되었습니다. 그는 아버지에게 말했습니다.

"이 싸움을 더 이상 견딜 수 없으니 세상으로 나가겠어요."

아버지가 말렸지만 계속 고집을 부렸습니다.

"아버지, 저는 더 이상 이곳에 있을 수 없으니 이곳에서 나가도록 허락해주세요."

그러자 아버지가 아들에게 간청했습니다.

"아들아, 한 번만 더 내 말에 귀을 기울여다오. 빵 40개와 네가 40일 동안 일을 할 수 있는 분량의 종려나무 잎사귀를 가지고 깊은 사막으로 가서 40일을 지내거라. 그런 다음에는 하나님의 뜻대로 되기를 바란다."

그는 아버지의 말씀에 순종하여 사막 깊은 곳으로 갔습니다. 그곳에서 종려나무잎을 엮으며 마른 빵을 먹는 고된 훈련을 하며 머물렀습니다.

이십 일이 지났을 때 마귀의 시험이 닥쳤습니다. 마귀는 견딜 수 없을 정도로 냄새가 고약한 이디오피아 여인의 모습으로 나타났습니다. 그래서 그는 그녀를 멀리 밀쳐버렸습니다. 그랬더니 그 여자가 말했습니다.

"나는 항상 남자의 마음을 즐겁게 하는 것 같았습니다. 그런데 너의 순종과 노동 때문에 하나님은 내가 너를 속이는 일을 허락하지 않으셨고 네게 나의 냄새를 맡게 하셨습니다."

젊은이는 일어나서 하나님께 감사하고 자기 아버지께로 돌아와서 이 사실을 아뢰었습니다.

"아버지, 저는 이제 세상으로 나가고 싶지 않습니다. 왜냐하면 저는 그것의 힘과 냄새를 경험했거든요."

그 점에 관해서 이미 계시를 받았던 아버지가 그에게 말했습니다.

"만일 네가 그곳에서 40일을 완전히 채우고 나의 명령을 지켰다면 너는 더 큰 환상을 보았을 것이다."

42

세상에서 살다가 사막에 들어왔으나, 두고 온 아내 생각 때문에 고민하던 교부가 있었습니다. 그는 이 사실을 교부들에게 말씀 드렸습니다.

그는 힘든 일을 많이 할 수 있는 사람이었습니다. 그래서 교부들은 많은 일을 그에게 주어서 육신이 지치도록 해 주었습니다.

어느날 하나님의 섭리로 멀리서 스케테로 온 한 교부가 우연히 그의 방 앞을 지나가게 되었습니다. 방문이 열려 있었는데도 아무도 나와 맞이 하는 사람이 없어서 이상하게 생각했습니다. 그러면서 "방에 있는 형제는 병을 앓고 있나 보다"라는 생각으로 노크하고 방으로 들어 갔습니다.

방으로 들어가 보니 그 사람은 앓고 있었습니다.

"형제여, 이게 어떻게 된 일입니까?"

"저는 세속에 살다가 이곳으로 왔는데, 마귀가 두고 온 제 아내의 생각으로 저를 괴롭혔습니다. 그래서 이 일을 교부들에게 말씀드렸더니 제게 중노동을 시키셨습니다. 저는 그 일을 하느라고 지쳐 있습니다. 그런데도 마귀의 유혹은 더욱 더 강해졌습니다."

이 말을 들은 나그네는 슬피 울며 그에게 말했습니다.

"교부들이 그대에게 그러한 중노동을 하도록 한 것은 매우 당연한 일일지도 모르겠습니다. 그러나 만약 비천한 나의 견해를 들으시겠다면, 이 모든 것을 포기하시고 적절하게 음식을 드시고 기도를 하면서 자신의 염려를 주님께 맡겨버리는 것이 좋을듯 합니다. 당신이 실천하고 있는 고된 노동으로는 이 어려움을 극복할 수 없습니다. 진실로 우리의 육체는 외투와 같은 것입니다. 만약 그대가 이 외투를 잘 관리하면 오래가지만 함부로 한다면 닳고 맙니다."

앓던 사람은 이 말을 듣고 그대로 행했습니다. 그러자 마귀의 유혹은 사라졌습니다.

∽43∽

안티노에 지방의 사막에 상당히 깊은 영성생활을 하는 은둔자가 있었습니다. 많은 사람들이 그의 말과 행동에 감화를 받았습니다.

마귀는 그가 선하여 덕있는 사람중에 속하고 있음을 질투하기 시작했습니다. 그래서 연민의 생각으로 그를 시험하였습니다.

> "다른 사람의 봉사를 받아서는 안돼. 오히려 다른 이들을 섬겨야지. 만약 그렇게 할 수 없다면 적어도 네 생계는 스스로 해결해야지. 그러니 이제 나가서 바구니를 팔아 필요한 것을 사가지고 와서 다른 사람에게 부담을 지우지 않으며 은둔생활을 계속해야 해."

이것은 그의 고요한 기도생활과 사람들이 그로부터 얻는 유익함을 시기한 마귀가 제안한 생각이었습니다. 참으로 마귀는 모든 방법을 동원해 그를 함정에 빠뜨리려 했습니다.

자신의 생각이 옳다고 판단한 그 은둔자는 혼자 은거하고 있던 방에서 나와 버렸습니다. 이 은둔자는 많은 사람들로부터 존경을 받는 사람이었지만, 이것이 마귀의 교활한 함정임을 알지 못하였습니다.

한참 후에 길에서 한 여인을 만났습니다. 경계심이 약해져 있었기 때문에 그는 마귀와 더불어 한적한 곳으로 가게 되었고, 인적이 드문 강가에서 그만 그 여인에게 죄를 짓고 말았습니다.

그는 마귀가 그의 타락으로 인해서 얼마나 크게 기뻐하고 있는가를 깨달았습니다. 자신이 하나님의 성령, 천사들, 거룩한 교부들, 그리고 도시에 살면서 원수를 정복하고 있는 많은 사람들을 크게 근심하게 만들었다는 사실로 인해 절망했습니다. 그는 하나님 안에 굳센 소망을 두는 사람들에게 하나님께서 힘을 주신다는 사실조차 잊어버리고 슬퍼했습니다.

그는 자기가 지은 죄를 용서받을 수 없다고 절망한 끝에 강에 투신 자살하기로 마음먹었습니다. 마음의 큰 고민으로 인해서 그의 육신은 병이 들게 되었습니다. 만일 자비하신 하나님께서 그를 도와주지 않으셨다면, 그는 회개하지 못한 채 죽었을 것입니다. 그럼으로써 결국 마귀에게 큰 기쁨을 주고 말았을 것입니다.

마침내 정신을 차린 그는 가혹한 고행을 수행하기로 마음먹었습니다. 그래서 그는 독수도하던 방으로 돌아갔습니다. 그는 방문을 걸어 잠그고 초상이나 난 듯이 대성통곡하기 시작했습니다. 먹지도 않고 자지도 않아 그의 몸은 쇠약해졌으나 그는 자신의 고행이 충분하다고 생각하지 않았습니다.

수사들이 종종 영적인 유익을 얻고자 그를 방문해서 그의 방을 두드렸지만 그는 방문을 열지 않은 채 말했습니다.

"1년 동안 가혹한 고행을 한 후에야 말을 할 수 있을 것이오."

그리고는 다음과 같이 덧붙였습니다.

"나를 위해서 기도해 주시오."

사람들 사이에서 대단한 명성을 갖고 있었고 위대한 수도사로 알려져 있었기 때문에, 그는 청중들에게 충격을 주지 않으면서 자신에 관해서 말해 줄 수 있는 방법을 알지 못했습니다. 그래서 그는 1년 내내 가혹한 고행을 계속했습니다.

주님께서 부활하신 날이 되었습니다. 그날 밤 그는 새 등불을 준비하여 심지를 갈고 새 유리로 바꾸어 놓았습니다. 밤이 되자 기도하기 시작했습니다.

"오, 자비로우시며 은총이 많으신 하나님,
당신은 야만인들조차 구원받게 하시며
그들을 진리의 지식에로 인도하실 수 있습니다.
영혼의 구세주여, 저는 당신께 피신코자 합니다.
마귀의 기쁨이 되어서 당신을 슬프게 하였으며
마귀에게 복종함으로써 죽은 자같이 된 저를
불쌍히 여기소서.
선하지 못한 자와 자비를 행치 않는 자에게도
자비를 베푸시며
다른 자들에게 자비를 베풀라고 가르치신 주님,
저의 연약함을 불쌍히 여기소서.
당신께는 불가능함이 없기 때문입니다.
나의 영혼은 지옥에 있는 것과 같습니다.
당신은 자신의 피조물에 자비한 분이시며,
부활의 날에 생명이 없는 자들도 깨어나게 하실 분이시오니
나를 불쌍히 여기소서.
주님, 나의 마음과 영혼은 너무나도 불행하오니
나의 기도를 들으소서.
더럽혀진 제 육신 또한 썩어가고 있으며,
저는 당신께 대하여 죽은 자가 되었으므로
더이상 살아갈 수 없습니다.
나의 죄가 고행을 통하여 용서될 수 있음을 믿는 대신에

저는 믿음이 없음으로 인해서
이중의 죄만을 범하고 있을 뿐입니다.
저주받은 저를 소생시켜 주소서.
이 등불이 당신의 성령의 불에 의해서
불을 밝히도록 명령하셔서
저로 하여금 당신의 자비에 대한 확신을
받아들일 수 있게 하시고,
당신의 자비가 저의 죄를 용서하셨음을 알게 하소서.
그렇게 된다면 당신이 허락하실 남은 생애 동안에
당신의 계명을 지킬 것이며
더이상 당신에 대한 두려움에서 벗어나지 않을 것이며
전보다 더 당신을 충실히 섬길 것입니다."

부활절 밤을 눈물과 함께 이러한 기도를 드린 그는 일어나서 등잔에 불이 붙어 있는가를 보러 갔습니다. 뚜껑을 열어 보았지만 그 등잔에는 불이 붙어 있지 않았습니다. 그는 다시 땅에 그의 이마를 대고 엎드려서 다음과 같이 기도하기 시작했습니다.

주님,
제가 승리의 면류관을 쓰기에는
어려움이 있다는 것을 압니다.
저는 신성모독자의 처벌보다는 육체의 기쁨을 생각하면서
현재의 처지를 망각했기 때문입니다.
저를 용서하십시오, 주님.
당신의 모든 천사들과 성인들 앞에서 당신의 선하심과 저의
사악함을 다시 한번 고백하오니
저를 용서해 주십시오,
주님.

만약 그 문제가 사람들에게 충격을 주지 않는다면 사람들 앞
에서도 그 죄를 고백하겠습니다.
그러므로 제가 다른 이들에게 자비를 가르칠 수 있도록 제게
자비를 베풀어 주십시오.
주님, 그렇게 함으로써 저를 소생시켜 주옵소서."

그와 같은 기도를 세 번 되풀이 했을 때 하나님은 그의 기도를 들어주셨습니다. 다시 일어섰을 때 그는 불이 환하게 빛을 발하고 있는 등불을 보았습니다. 희망이 가득찬 그는 마음의 기쁨으로 인하여 기운을 차리게 되었고, 기쁨에 넘쳐서 죄를 사하여 주신 하나님의 은혜를 찬양하기 시작했습니다. 그는 기도했습니다.

"저는 이 세상을 살아갈 자격조차도 없는
존재임에도 불구하고
당신은 크고 놀라운 징조를 통해서
제게 자비를 베푸셨습니다."

그는 계속해서 하나님을 찬미했고, 날이 밝았으나 주님으로 인한 기쁨 때문에 식사하는 것조차 잊었습니다. 그는 사는 날 동안 등잔에 기름을 계속해서 부어 불이 꺼지지 않도록 늘 조심했습니다.

따라서 성령이 그의 안에 함께 머무셨습니다. 그는 겸손함으로 인해서 주님을 증거하며, 그분에 관한 지식으로 인해서 모든 사람들에게 존경받는 자가 되었습니다. 그는 죽기 얼마 전 자기의 영혼의 구원에 관한 계시를 받았습니다.

～44～

한 사부가 깊은 사막에 살고 있었습니다. 그런데 한 여자 친척이 여러 해 동안 그를 방문하고자 했습니다. 그가 사는 곳을 알게 된 그녀는 사막을 향해 길을 떠났습니다. 길에서 대상隊商을 만난 그녀는 그들과 함께 사막으로 들어왔습니다. 그런데 그녀는 마귀의 지배를 받고 있었습니다.

사부의 방 앞에 도착한 그녀는 사부를 불렀습니다.

"저는 당신의 친척입니다."

친척이라고 안심한 그 사부는 여자를 곁에 두고 살게 되었습니다. 음란한 마귀는 사부를 꾀어 그녀와 죄를 짓게 하고 말았습니다.

그곳에서 약간 떨어진 곳에 은둔자 한 사람이 살고 있었습니다. 그는 항아리에 물을 가득 채워 놓았습니다. 그런데 어느날 식사 시간에 그 항아리가 깨져 버리고 말았습니다. 하나님의 주신 영감에 따라 그는 혼잣말로 "왜 갑자기 항아리가 깨졌는지 사막으로 가서 그 사부에게 물어 봐야겠다"라고 하며 밖으로 나갔습니다.

저녁이 되어 그는 길가에 있는 이교도 성소 안에서 잠을 자게 되었는데, 밤에 그는 마귀들이 말하는 소리를 듣게 되었습니다: "간밤에 우리는 그 사부를 음란에 빠뜨렸어."

이 말을 들은 그는 너무 슬펐습니다. 그는 사부에게 도착했습니다. 그러나 사부의 낙심한 얼굴을 본 그는 그에게 물어보았습니다. "아버지시여! 제가 항아리에 물을 가득 채워 놓았는데 식사 시간에 그것이 깨져버렸으니 어쩌면 좋겠습니까?"

"그대는 항아리가 깨신 것 때문에 내게 충고를 구하러 왔는데, 나는 지난 밤에 음란에 빠졌으니 어찌하면 좋겠는가?"

정욕을 싸워 이기라

"알고 있습니다."

사부가 놀라서 그에게 물었습니다.

"자네가 어떻게 그 일을 알고 있단 말인가?"

"제가 지난 밤 이교도 성소에서 잠을 잘 때 마귀들이 당신에 관해서 이야기하는 것을 들었습니다."

"나는 세상으로 돌아가려네."

은둔자는 사부를 위로했습니다.

"아닙니다. 아버지시여! 당신은 여기에 머무르셔야 합니다. 정작 돌아가야 할 사람은 그 여인입니다. 이 일은 그 여인 안에 있는 마귀의 계략에 의해서 일어난 것이니까요."

사부는 그의 말을 듣고 힘을 얻었고, 이전의 상태로 돌아갈 때까지 많은 눈물을 흘리면서 더욱 더 가혹한 고행의 삶을 살았습니다.

∽ 45 ∾

한 수사가 사부에게 물었습니다.

"만약 누군가가 우연히 충동으로 인해 유혹에 굴복하게 되는 경우, 그로 인해 충격을 받은 사람들로 말미암아 그에게 어떤 일이 일어날까요?"

그러자 그는 이렇게 답하였습니다.

"한 이집트 수도원에 유명한 부제가 살고 있었습니다. 그때 총독에게 쫓기고 있는 한 관리가 그의 가족을 모두 데리고 그 수도원으로 피신했는데, 마귀의 시험으로 부제와 관리의 부인이 죄를 짓게 했습니다. 그로 인해서 모든 수도사들이 수치를 느끼게 되었습니다. 그는 한 늙은 친구를 찾아가 이 일을 고백했습니다. 그런데 사부의 수실 뒤에 조그만 토굴이 하나 있는 것을 보고는 '저를 저 속에 들어가 나오지 못하게 하시고, 그 사실을 아무에게도 말하지 마십시오' 라고 간청했습니다. 그는 그 어두운 그 토굴에 들어가서 가혹한 고행을 수행했습니다. 얼마 후 나일강이 말라 들어가자 사람들이 탄원기도를 하는 동안 성인 중의 한 사람에게 계시가 내렸습니다. 그 계시는 어떤 수도사의 토굴 속에 숨어 있는 부제의 탄원 기도가 없으면 그 강물은 말라 버릴 것이라는 것이었습니다. 이 말을 들은 모든 사람들은 그 부제가 은둔해 있는 곳에 가서 그를 그곳에서 나오게 했지요. 그가 기도하자 물이 불어났습니다. 전에 그 사람 때문에 수치를 느꼈던 사람들은 이제 그의 회개 때문에 더욱 많은 감동을 받았으며, 하나님께 영광을 돌렸습니다."

~46~

한 사부가 말했습니다.
"육적인 쾌락에 의해서 미혹을 당한 많은 사람들은 그들의 육체를 더럽힌 것이 아니라, 생각 속에서 간음한 것이므로, 육체에는 잘못이 없고 영혼이 죄를 범한 것이 됩니다. 그러므로 나의 친구들이여! 성경에서 가장 열심히 지켜야 할 것은 사람의 마음이라고 말씀하신 것은 옳은 말입니다."

～47～

두 명의 수사가 자신들이 만든 물건을 팔기 위해 시장에 갔습니다. 그런데 한 사람은 동료와 헤어지자마자 부정을 범하게 되었습니다. 그를 만난 동료는 "형제여, 수실로 돌아갑시다"라고 했습니다.

죄를 범한 형제는 돌아가지 않겠다고 했습니다.

이에 "왜 돌아가지 않겠다고 하는것이오?"하고 묻자, 그는 "자네와 헤어지고 나서 죄를 범하고 말았소"라고 했습니다.

그는 동료를 잃지 않기 위해서 "형제와 헤어진 후 나도 똑같은 죄를 범했다오. 그러니 함께 돌아가서 가혹한 고행을 한다면 하나님께서 우리의 죄를 용서하실 것이오"라고 말했습니다.

그들은 돌아와서 사부에게 자기들에게 있었던 일을 말씀드렸습니다. 그 사부는 참회의 고행을 하라고 했습니다. 죄를 짓지 않은 형제는 친구를 위해서 자신이 죄를 지은 것처럼 열심히 참회의 고행을 감당했습니다.

하나님께서 그가 친구를 위하여 그러한 고생을 하고 있는 것을 보시고, 그 사실을 사부에게 알려 주셨습니다. 얼마 후 죄를 짓지 않은 형제의 위대한 사랑 때문에 죄 지은 자가 용서받게 되었습니다. 이것이 바로 형제를 위하여 자기의 영혼을 포기하는 것입니다.

～48～

어느 날 한 수사가 사부를 찾아와서 말했습니다.

"제 형제가 저를 떠나 어딘가로 가버렸습니다. 저는 그것 때문에 무척 괴롭습니다."

사부는 "잠잠히 참아내십시오. 하나님께서 당신의 참을성을 보시고 당신을 돌봐주실 것이오. 마귀가 마귀를 내쫓지 않듯이, 역경중에서 다른 사람을 기꺼이 도와줄 수 있는 사람은 흔치 않습니다. 그러나 하나님께서는 우리 인간들을 격려해 주시며 보호해 주시는 분이시니, 그대도 선으로써 그를 돌보도록 하십시오"라며 그를 격려했습니다. 그리고 사부는 그에게 다음과 같은 이야기를 해주었습니다.

테베에 두 수사가 살고 있었는데 욕정에 시달리고 있던 한 수사가 친구에게 말했습니다.

"나는 세상으로 나가겠소."

친구는 "형제여! 나는 당신을 가게 할 수 없고 당신의 노고의 결실과 당신의 동정을 잃게 하고 싶지 않네"라며 울었습니다.

그러나 친구는 설득되지 않았습니다. 그는 "나는 여기에 머물지 않겠소, 나는 떠나겠소. 당신이 나와 함께 떠났다가 후에 다시 돌아오든가 나 혼자 세상으로 떠나게 내버려 두시오"라고 했습니다.

친구는 한 위대한 사부에게 이러한 사정을 말씀드렸습니다. 사부는 "그와 함께 가시오. 그를 위해서 희생한다면, 하나님은 그의 타락을 허락치 않으실 것이오"라고 말했습니다.

그들은 함께 세상으로 나갔습니다. 그들이 마을에 가까이 갔을 때 하나님이 그의 희생을 보시고 친구의 마음을 돌리게 하셨습니다.

그 친구는 "형제여! 함께 사막으로 돌아갑시다. 이제야 죄에서 어떠한 유익도 얻을 수 없음을 깨닫게 되었구려"라고 했습니다.

하나님께서는 그에게서 악한 욕망을 사라지게 하신 것입니다. 그래서 그들은 무사히 자기들의 은둔처로 돌아왔습니다.

∽49∾

마귀에게 공격을 받고 있는 한 수사가 사부에게로 와서 말했습니다.

"저 두 수사들은 함께 잠을 잡니다."

그가 마귀의 조롱을 받고 있음을 안 사부는 사람을 보내 그 두 수사를 불렀습니다. 밤이 되자 사부는 두 수사에게 하나의 돗자리를 깔아주고 하나의 이불을 함께 덮게 하면서 "하나님의 자녀들은 성인들이오"라고 말했습니다.

그리고 제자들에게 "이 자를 수실 밖으로 쫓아내시오. 시험에 빠진 것은 다름아닌 그 자신이오"라고 명령했습니다.

∽50∾

한 수사가 사부에게 "어쩌면 좋습니까? 악한 생각이 저를 죽이고 있습니다"라고 한탄하며 말했습니다.

이에 사부는 "어머니가 아이에게서 젖을 떼고자 할 때 가슴에 쓴 것을 바릅니다. 그러면 아이가 여느 때처럼 와서는 젖을 빨아 보다가 그 쓴 맛 때문에 달아나 버린다. 당신도 쓴 것을 사용하십시오"라고 말해주었습니다.

그는 "그런데 제가 사용해야 할 그 쓴 것이란 무엇입니까?"라고 다시 질문했습니다.

사부는 "그것은 죽음과 다가올 세대에서의 심판에 대한 기억이라오"
라고 말해주었습니다.

∽ 51 ∽

위의 그 수사가 다른 사부를 찾아가서 같은 문제에 대한 충고를 청했습니다. 그런데 그 사부는 "나는 그런 문제로 욕정과 싸워본 적이 없었습니다"라고 했습니다.

그 말에 놀란 수사는 또 다른 사부를 찾아가서 물었습니다.

"어떤 분이 제게 말씀한 것으로 인해서 저는 놀라지 않을 수 없었습니다. 왜냐하면 그분이 말씀하신 것은 인간의 본성을 넘어서는 것이기 때문입니다."

두번째 사부가 그에게 말했습니다.

"하나님의 사람이 아무런 이유없이 그렇게 말씀하셨을리 없습니다. 그러니 일어나 그분을 찾아가 무릎을 꿇고 그렇게 말씀하신 의미를 가르쳐 달라고 요청해 보십시오."

그래서 수사는 첫번째 사부를 찾아가서 무릎을 꿇고 말했습니다.

"아버지시여! 제가 급하게 떠나버리는 어리석음을 범한 것을 용서해 주십시오. 저는 당신이 왜 욕정과 전혀 싸워본 적이 없었다고 하셨는지 알려 주시기를 간청합니다."

사부가 그에게 대답했습니다.

"수도사가 된 이래 나는 빵을 만족할 만큼 먹어본 적이 없었고, 물을 만족하게 마셔본 적이 없었고, 잠을 만족하게 자본 적이 없었습니다. 그러므로 이러한 것에 대한 열망이 없었기 때문에 당신이 말한 것과 같은 욕정을 느낄 틈이 없었습니다."

그 수사는 그 말에 큰 감동과 깨달음을 받고 그 자리를 떠났습니다.

∽52∽

한 수사가 교부들 중 한 사람을 찾아와 다음과 같이 말했습니다.

"어쩌면 좋습니까? 내 생각은 한 시도 나를 놓아 주지 않는 정욕에 사로잡혀 있습니다. 그로 인해 내 영혼은 큰 고통을 받고 있습니다."

교부는 "마귀가 당신으로 하여금 그러한 생각을 하게 할 때마다 그 생각들과 싸우려 하지 마십시오. 왜냐하면 그 생각을 불러 일으키는 것이 마귀의 활동이며, 그 생각이 떠오르는 것 자체는 죄가 아니기 때문입니다. 우리의 능력으로 그 생각들을 추방할 수는 없습니다. 그러나 우리는 그 생각들을 받아들이거나 거부할 수 있습니다. 당신은 미디안 족속이 이스라엘에게 행한 일을 알고 있습니까? 그들은 자신들의 딸들을 보석으로 꾸미고 이스라엘 사람들이 보는 앞에 세워 두었습니다. 그들은 누구에게도 강요하지 않았지만, 화가 난 사람들이 그들을 죽음에 처하게 될 때까지 함께 죄 짓도록 유혹했습니다. 악한 생각도 이와 같습니다"라고 말했습니다.

다시 그가 "그렇지만 저는 연약하고, 욕정이 저를 지배하고 있으니 어쩌면 좋겠습니까?"라고 묻자, 교부는 "당신의 생각을 지키십시오. 그리고 그것들이 무엇인가를 말할 때마다 대꾸하지 말고 자리에서 일어나 무릎을 꿇고 '하나님의 아들이시여! 제게 자비를 베푸소서'라고 기도하십시오"라고 말해주었습니다.

그러자 그 수사가 "아버지여, 보십시오. 저는 묵상를 하기도 하지만, 그 단어들의 의미를 이해할 수 없기 때문에 제 마음 속에는 양심의 고통이 없습니다"라고 질문했습니다.

교부는 계속해서 "그렇더라도 계속 묵상하십시오. 사실 나는 영적 아버지 푀멘과 다른 많은 교부들이 '마술사는 자기가 하는 말의 뜻을 알지 못하지만, 야생 동물은 그 말을 이해하고 그에게 복종하고 절한다'라고 말하는 것을 들었습니다. 이것은 우리에게도 마찬가지입니다. 비록 우리는 묵상 중에 하는 말을 제대로 이해할 수 없다고 하더라도, 마귀들은 그 말을 듣고 멀리 도망쳐 버립니다"라고 말해주었습니다.

~53~

한 사부는 정욕의 유혹이 파피루스와 같다고 말하곤 했습니다.

"정욕이 우리에게 일어나기 시작했을 때, 우리가 그것을 눌러 더이상 자라지 못하게 하면 그것은 쉽게 꺾여 버립니다. 그런데 만일 그것이 자라는 대로 내버려두어 그것에서 쾌락을 찾게 되고, 또 그것이 우리를 정복하게 둔다면, 쇠같이 단단해져서 잘라버릴 수 없게 됩니다. 그러므로 그러한 생각에 대해서는 분별력이 필요합니다. 왜냐하면 그러한 생각에 동의하지 않는 사람에게는 면류관이 예비되겠지만, 유혹에 지는 사람에게는 구원에 대한 희망이 없어지게 되기 때문입니다."

～54～

정욕에 시달리던 두 수사가 결혼하기 위해 길을 떠났습니다. 후일 다시 만난 그들은 "천사의 상태를 떠나 부정을 행하는 것이 무슨 유익이 있겠는가? 결국 우리는 지옥의 불과 형벌로 말미암아 고통을 받게 되겠지. 사막으로 되돌아가서 회개의 기도를 하세"라고 말했습니다.

그래서 그들은 되돌아와 자신들이 행했던 일들을 교부들에게 고하고, 그들에게 참회의 고행 의무를 달라고 요청했습니다. 사부는 그들에게 똑같은 양의 빵과 물을 주고 일년 동안 각각 은둔 생활을 할 것을 명했습니다.

드디어 그들이 참회의 고행 기간이 끝나고 밖으로 나왔습니다. 교부들이 보니 첫째 사람은 파리하고 볼품이 없어진 반면에, 두번째 사람은 밝은 얼굴에 건강해 보였습니다. 체격이 거의 같았던 그들은 똑같은 양의 음식을 먹었음에도 불구하고 이처럼 각각 달라진 모습을 보고 놀라지 않을 수 없었습니다.

먼저 형편없이 연약해 보이는 첫번째 수사에게 수실에서 무슨 생각을 하고 지냈는지를 물었습니다. 그러자 그는 "저는 제가 범한 악, 그리고 제게 주어질 심판에 대해서 생각했습니다. 그리고 그것에 대한 두려움이 내 뼈에 살이 붙지 못하게 했습니다"라고 답했습니다.

교부들은 다음 수사에게도 똑같은 질문을 하였습니다.

그는 "저는 심판에 처해질 부정함에서 건져주시고 저를 그리스도 안에 있는 이런 삶으로 이끄신 것에 대해서 하나님께 감사했으며 하나님을 묵상하면서 기뻐하는 삶을 살았습니다"라고 말했습니다.

그러자 교부들은 "하나님이 보시기에 이 두 사람의 참회의 고행은 똑같은 가치를 가진 것이었도다"라고 했습니다.

∽55∾

스케테에 있는 한 사부가 심한 병에 걸렸습니다. 자신이 간호하는 수사들에게 큰 짐이 되고 있음을 안 사부는 염려스러운 마음으로 말했습니다.

"형제들을 괴롭히지 않기 위해 이집트로 가야겠소."

그러나 모세 교부는 그에게 "정욕에 빠지게 될지 모르니 그곳으로 가지 마십시오"라고 경고했습니다.

그러나 그는 "내 육신이 거의 죽어가고 있는데 어떻게 그런 말을 하십니까?"라고 하고는 이집트로 떠났습니다.

사람들이 그의 소식을 듣고 그에게 많은 선물을 가져왔으며, 한 경건한 처녀가 와서 그를 돌봐주었습니다. 곧 사부는 건강을 되찾게 되었고, 그녀와 더불어 죄를 짓고 말았습니다. 그 처녀는 임신을 하게 되었습니다.

사람들이 그녀에게 어떻게 된 일이냐고 물었습니다. 그녀는 그 아이의 아버지가 그 사부라고 말했지만 사람들은 믿지 않았습니다.

결국 사부가 입을 열었습니다.

"제가 죄를 지은 사람입니다. 그녀가 낳을 아이는 내가 기르겠습니다."

그제서야 모든 사람들이 그 사실을 믿게 되었습니다.

아이가 태어나 젖을 떼게 되었을 때, 어느 날 스케테에서 축제가 열렸습니다. 사부는 아이를 무등 태우고 사람들이 많이 모여 있는 교회에 갔습니다. 사람들은 그 사부를 보자 모두 울기 시작했습니다. 그가 그 곳에 모인 형제들에게 말했습니다.

"이 아이가 보이십니까? 이 아이는 불순종의 자식입니다. 조심하십시오. 여러분! 저는 늙은 몸으로 이런 죄를 범했습니다. 나를 위해서 기도해 주십시오."

그리고 나서 그는 자기의 은거처로 가서 이전처럼 다시 수도자의 삶을 살았습니다.

∽56∾

한 수사가 정욕의 마귀에 의해 강력한 시험을 받았습니다. 아름다운 여인의 모습으로 나타난 네 명의 마귀가 40일 동안 그를 간음의 죄를 빠지게 하기 위해 엄청나게 노력했습니다. 그러나 그는 용감했고 결코 지지 않았습니다.

그의 성공을 보신 하나님께서는 그로 하여금 다시는 성욕의 불길에 시달리지 않게 해 주셨습니다.

∽57∾

하부 이집트에는 사막에 있는 고독한 수실에서 혼자 생활하면서 유명해진 은둔자가 있었습니다. 사탄의 꼬임에 빠진 한 여인이 그 소식을 듣고 청년들에게 "만일 내가 너희들의 은둔자를 타락하게 한다면 내게 무엇을 주겠는가?"라고 물었습니다.

그들은 그녀에게 어떤 가치있는 것을 주기로 동의했습니다. 밤이 되자 그녀는 사막으로 나가서 길을 잃은 것처럼 가장하고는 은둔자의 방으로 가서 그를 나오게 했습니다. 그녀를 본 은둔자는 괴로워하면서 그녀에게 "어떻게 이곳까지 오게 되었소?"라고 물었습니다. 그녀는 눈물을 뚝뚝 흘리면서 길을 잃었다고 말했습니다.

동정심에 가득찬 그는 그녀를 들어오게 하고는 자기의 방으로 돌아갔습니다. 그러나 이 사악한 여자는 "사부님! 사나운 짐승이 내게 달려들어요"라며 큰 소리로 외쳤습니다.

그는 다시 불안해졌지만, 하나님의 심판을 두려워하며 "이런 곤혹스러운 일이 왜 내게 일어난 것일까?"라고 중얼거렸습니다.

그는 방문을 열고 그녀를 들어오게 했습니다. 그때 마귀가 극심한 공격을 가했고, 그는 혼신의 힘을 다해서 싸웠습니다. 싸우면서 그는 "대적의 길은 어둠이지만 하나님 아들의 길은 광명이도다"라고 외쳤다.

그는 일어나서 등불을 켰다. 그래도 정욕의 불길이 타올랐다.

그는 스스로 "이런 행위를 하는 자는 심판을 받는다. 네가 영원한 불에서 살아남을 수 있는지 없는지 시험해 보자"라고 하면서, 손가락 하나를 등잔불 속으로 집어 넣었습니다. 손가락이 타고 있었지만, 그는 정욕에 사로잡혀 있어서 전혀 아픔을 느끼지 못했습니다. 날이 밝을 때까지 그는 손가락을 모두 불태워 버리고 말았습니다. 옆에서 지켜보고 있던 그 여인은 두려운 나머지 몸이 돌처럼 굳어버리고 말았습니다

아침이 되어 청년들이 은둔자를 찾아와서 그에게 물었습니다.

"지난 밤에 한 여인이 여기에 오지 않았습니까?"

"그렇소. 그녀는 이 안에서 잠들어 있소"

그들이 안에 들어가 보니 그녀가 죽어 있었습니다. 그들은 "사부님, 그녀가 죽었습니다"라고 외쳤다.

그러자 그는 손을 싸고 있던 것을 벗기고 보여주면서 지난 밤에 있었던 일을 이야기해 주었습니다.

"이 마귀의 딸이 내게 행한 것을 보시오. 그녀가 나의 손가락을 죽게 만들었소." 그리고 이어서 "성경에는 악을 악으로 갚지 말라고 써 있지요"라고 했습니다. 그리고 나서 그가 기도하니 그녀는 깨어났습니다. 그녀는 마을로 돌아가 남은 생애를 선하게 살았습니다.

◈ 58 ◈

한 수사가 정욕의 마귀에 의해 시달렸습니다. 그는 이집트인들의 마을로 통과하게 되었는데, 거기서 이교 사제의 딸을 보았습니다. 그녀와 사랑에 빠진 그는 그녀의 아버지에게 간청했습니다.

"따님을 저에게 아내로 주십시오."

그녀의 아버지는 "내가 섬기는 신의 허락 없이는 딸을 자네에게 줄 수 없네"라고 했습니다.

그리고 마귀에게 "이곳에 온 수도사 한 사람이 내 딸을 원합니다. 그녀를 그와 결혼시켜도 좋겠습니까?"라고 물었습니다.

마귀는 "그에게 가서 그의 하나님과 그가 받은 세례와 수도사로서의 서원을 부인할 수 있는지 물어보거라"고 명령했습니다.

수도사는 이에 동의했습니다. 그 때 그는 자기의 입에서 비둘기 한 마리가 나와 하늘로 올라가는 것을 보았습니다. 그러자 이교 사제는 마귀에게로 가서 "그가 이 모든 것에 동의했습니다"라고 고했습니다.

마귀는 "너의 딸을 그의 아내로 주지 말라. 하나님이 아직도 그를 떠나지 않고 계속 돕고 계신다"라고 말했습니다.

이교 사제가 돌아와서 그에게 "하나님이 너를 돕고 계시며 네게서 떠나시지 않았기 때문에 내 딸을 줄 수 없네"라고 했습니다.

이 말을 들은 그는 생각했습니다: "하나님이 나를 지키시는 이 큰 선을 베풀고 계시는데도 나는 그분과 세례와 수도사의 서원을 부인하다니! 선하신 하나님께서는 이러한 상태에 빠진 나조차도 돕고 계시는구나!"

드디어 정신을 차린 그는 사막으로 가서 한 위대한 사부를 찾아가 자초지종을 말씀드렸습니다. 사부가 말했습니다.

"이 동굴에서 나와 함께 머물면서 3주 동안 금식하라. 그러면 내가 하나님께 중보기도를 드려 주겠다."

사부는 그와 함께 고행하면서 하나님께 기도드렸습니다.

"주님, 당신께 비오니 이 영혼을 제게 주시고 그의 회개를 받아 주십시오."

하나님은 그의 기도를 들으셨습니다. 일 주일이 지나서 사부는 그 수도사를 찾아가서 물었습니다.

"너는 무엇을 보았느냐?"

"예, 제 머리 위 하늘에서 높이 날아 다니는 비둘기 한 마리를 보았습니다."

"스스로에 대해서 더욱 조심하고 계속 정진하게."

또다시 일 주일이 지난 다음 사부는 그를 찾아가 물었습니다.

"무엇을 보았는가?"

"제 머리 가까이에서 날고 있는 비둘기를 보았습니다."

사부는 그를 격려하였습니다.

"조심하고 계속 기도하시오."

세 주간이 다 지나자 사부는 그를 찾아 가서 다시 물었습니다.

"또 무엇을 보았는가?"

"제게 다가오던 비둘기가 제 머리에 앉았으며 그것을 잡으려 하자 그것이 내 입 속으로 들어오는 것을 보았습니다."

그러자 사부는 하나님께 감사드리면서 다음과 같이 말했습니다.

"하나님께서 당신의 회개를 받아주셨소. 이후로도 계속 자신을 지키도록 하시오."

그 수도사는 "사부님, 지금부터 죽을 때까지 당신과 함께 이곳에서 살겠습니다"라고 말했습니다.

∽59∾

테베 출신의 한 사부가 다음과 같은 이야기를 들려 주었습니다:

나는 이교 사제의 아들이어서 어렸을 때 종종 아버지가 제물을 가지고 우상에게 가시는 것을 보았습니다. 한 번은 아버지를 몰래 따라가서 사탄과 그를 둘러싸고 있는 군대를 보았습니다. 마귀의 대장 중의 한 자가 나와서 절하자 사탄은 "너는 어느 곳을 다녀왔느냐?"라고 물었습니다.

그는 "저는 전쟁으로 인해 피가 흘러 넘치는 지방에 있었습니다. 저는 그 일을 당신께 보고하려고 이곳에 왔습니다"라고 말했습니다.

"그렇게 만들기 위해서 시간이 얼마나 걸렸느냐?"

"30일입니다."

그러자 사탄은 채찍으로 그를 때리라고 명령하면서 "그깐 일 때문에 그렇게 많은 시간을 허비했습니다는 말이냐?"라고 말했습니다.

그때 다른 마귀가 와서 그에게 절했습니다. 사탄이 그에게 말했습니다.

"너는 또 어디에서 오는 길이냐?"

"저는 바다에 있었습니다. 그곳에서 풍랑을 일으키고 선박들을 파선시켜서 많은 사람들을 죽게 했습니다."

"그 일을 하기 위해서 얼마의 시간을 소요했느냐?"

"20일입니다."

사탄은 그에게도 채찍을 내려치라고 하면서 "그까짓 일을 위해 그렇게 많은 시간을 허비했단 말이냐"라고 소리질렀습니다.

세번째 마귀가 와서 그에게 절했습니다. 사탄은 물었습니다.

"너는 어디서 왔느냐?"

"결혼식이 있었던 어떤 마을에서 왔습니다. 저는 소동을 일으켜서 그곳이 난장판이 되게 했고 신랑과 신부를 죽게 만들었습니다."

"그렇게 하는 데 얼마나 걸렸느냐?"

"10일입니다."

그러자 사탄은 너무 많은 시간을 낭비했다고 채찍질을 명했습니다.

이번에는 다른 마귀가 와서 사탄에게 절하였습니다. 사탄이 무엇을 했느냐고 묻자 그는 "저는 지난 40년 동안 사막에서 한 수도사와 싸웠는데, 지난 밤에 그를 간음에 빠뜨렸습니다"라고 대답했습니다.

이 말을 들은 사탄은 자리에서 일어나 그를 얼싸 안으며 그의 머리에 왕관을 씌우고 그를 자기의 보좌에 앉히면서 말했습니다.

"아주 훌륭한 일을 해냈다."

이야기를 마친 사부는 말했습니다.

"그것을 보면서 나는 '참으로 이것은 대단한 시합이구나. 그런데 수도사를 정복하는 것이 대단한 승리가 되는구나' 라고 생각했습니다. 그후 나는 나를 구원으로 인도하시는 하나님의 도우심으로 말미암아 사막으로 와서 수도사가 되었습니다."

인내와 흔들리지 않는 믿음을 가지라

~60~

한 사부가 말했습니다.

"시험이 임하면 어디에 있으나 괴로운 일이 많아지고 사람이 나약해지며 불평을 늘어 놓게 된다."

사부는 그것과 관련해서 다음과 같은 이야기를 해주었습니다:

켈스에 있는 한 수사가 이러한 시험에 빠졌습니다. 그러자 사람들이 그에게 인사하지도 않고 그를 그들의 수실로 초대하지도 않고 빵이 필요한데도 아무도 그에게 그것을 주지 않았고, 그가 추수하고 돌아왔어도 아무도 그를 교회의 애찬식에 초청하지 않았습니다.

하루는 추수를 하고 돌아와서, 방에 한 조각의 빵도 남지 않았음을 알게 되었습니다. 그러나 그는 이 모든 것에 대해서 하나님께 감사드렸습니다. 그의 인내심을 보신 하나님은 그에게서 이 시험을 거두어 가셨습니다.

이때 어떤 사람이 그의 방문을 두드렸습니다. 그는 빵을 실은 낙타를 끌고 이집트에서 온 사람이었습니다. 그러자 그 수사는 울면서 말했습니다.

"주님, 저는 당신의 이름을 위하여 약간의 고통도 받을 자격이 없는 사람이란 말입니까?"

시험이 물러가자 형제들은 그를 자기들의 방으로 초대했고 교회에서는 그를 환영했습니다.

◈61◈

몇 수사들이 사막에 있는 한 위대한 사부를 찾아가서 그에게 여쭈었습니다.

"사부님, 이렇게 힘든 일을 하면서 왜 이곳에 계시는 겁니까?"

"여기에서 내가 스스로에게 부과한 모든 나날의 고된 훈련과 심판 날의 단 하루의 형벌은 똑같은 것이라네."

◈62◈

한 사부가 말했습니다.

"우리의 선배들은 다음의 세 가지 이유가 아닌 한 그들의 거처를 바꾸지 않았습니다. 첫째는 그들에 대해서 불평하는 사람이 있는데 그들의 노력에도 불구하고 그의 불평을 잠재울 수 없을 경우, 둘째로는 그들이 대중들로부터 칭송을 받게 되는 경우, 그리고 마지막으로 그들이 음란함에 떨어진 경우입니다."

∽63∽

한 수사가 사부에게 물었습니다.

"저는 어떻게 하면 좋겠습니까? 제 생각이 '너는 금식도 할 수 없고 노동도 할 수 없으니 마을로 가서 병자들을 방문하거라. 그것 역시 사랑이 아니냐?' 라고 속삭이면서 나를 괴롭히고 있습니다."

"가서 먹고 마셔라. 다만 네 은거처에서 나오지 말라. 너는 독거獨居한다는 것이 수도사를 완전한 상태로 이끈다는 것을 깨달아야 합니다."

그는 사흘 동안 그대로 행했습니다. 그런데 그는 곧 갑갑함으로 고통당했습니다. 방 안에 있던 종려나무 가지를 쪼개어 끈으로 엮기 시작했습니다. 그러면서 혼자 중얼거렸습니다.

'여기 나무 가지가 몇 개를 엮고 난 후 식사를 하도록 하자.'

그것을 다 엮고 난 후에 또 그는 혼자 중얼거렸습니다.

'독서를 약간 한 후에 식사를 하기로 하지.'

독서를 마치자 또 혼자 마음을 먹었습니다.

'시편을 암송한 후 평화 속에서 식사를 해야지.'

그는 하나님의 도우심에 의해서 조금씩 전진하여 마침내 완전한 상태에 도달하게 되었고, 그를 괴롭혔던 시험에 용감히 대처하게 되었습니다. 마침내는 그는 완전히 극복하게 되었습니다.

~64~

어떤 사람이 사부에게 물었습니다.

"제가 수실 안에 있을 때면 왜 그토록 갑갑한 것일까요?"

그러자 사부가 대답했습니다.

"왜냐하면 당신이 육신의 부활이나 다가올 심판에 대해서 분명하게 인식하고 있지 못하기 때문입니다. 당신이 분명하게 그것들을 인식하고 있다면 벌레들이 방에 가득하고, 또 그것들이 목으로 기어올라 온다는 것을 느낄 것입니다. 그러면 당신은 그것을 견디느라고 갑갑해 할 틈이 없을 것입니다."

~65~

수사들이 사부 중 한 사람에게 가혹한 고행을 면제해달라고 요청했습니다. 사부가 대답했습니다.

"아들들이여, 아브라함은 하나님의 선물을 보았을 때, 그가 전에 더 가혹한 고행을 하지 않은 것에 대해서 후회했다고 합니다."

~66~

한 수사가 사부에게 말했습니다.

"제 생각이 방황을 하고 있어서 괴롭습니다."

사부가 그에게 말했습니다.

"수실에 조용히 머물러 있으시오. 그러면 떠돌아다니던 생각이 쉬게 될 것입니다. 나귀 새끼가 이곳저곳을 돌아다니다가도 마침내는 반드시 제 어미가 있는 곳으로 돌아오는 것 같이, 하나님을 위하여 확고부동한 자세로 자기의 수실에 앉아 있는 사람의 생각도 이와 같습니다. 그것은 잠시 돌아다니다가도 항상 그 생각의 주인에게로 돌아오기 마련입니다."

∽67∽

한 사부가 사막에서 살고 있었는데, 그의 수실은 우물에서 12마일 정도 떨어진 곳에 있었습니다. 물을 길러 갈 때마다 그는 너무 힘이 들었습니다. "왜 이런 고생을 해야 하지? 이제 우물 가까이에 가서 살아야겠다"라고 중얼거리면서 그곳을 가고 있었는데, 누군가가 그의 옆에서 자신의 걸음을 세고 있는 것을 보았습니다. 그가 물었습니다.

"당신은 누구시오?"

"나는 주의 천사로서, 당신의 발걸음을 세서 그것에 따라 당신에게 상을 베풀기 위해 보내심을 받았소."

이 말을 들은 그는 확신을 얻고 용기백배하여 원래 있던 곳보다도 5마일 정도 더 떨어진 곳으로 거처를 옮겼습니다.

∽68∽

교부들은 다음과 같이 말하곤 했습니다.

"네게 유혹이 임한다고 하더라도 너는 네가 머물던 곳에서 자리를 이동하지 마십시오. 자리를 옮기라도 당신이 피해 버린 그 유혹이 다시 나타날 것이기 때문입니다. 유혹이 사라질 때까지 머물러 있어야 합니다. 그래야 당신의 떠나감이 불쾌함의 원인이 되지 않고 평화 속에서 이루어지게 되며, 그렇게 함으로써 그 장소에 머무르고 있는 사람들에게 걱정거리를 제공하지 않게 됩니다."

∽ 69 ∽

한 수도원에 걸핏하면 화를 내는 사나운 수사가 있었습니다. 그는 "아무도 없는 곳으로 가서 홀로 살아야겠다. 이야기할 상대가 없다면 화를 내지 않게 되겠지"라고 생각했습니다. 그래서 그는 수도원을 떠나 동굴 속에서 홀로 살았습니다.

어느 날이었습니다. 그는 항아리에 물을 가득 붓고 땅에 세워 놓았습니다. 그런데 갑자기 그 항아리가 넘어져서 물이 쏟아져버렸습니다. 그는 그것을 세우고 다시 물을 채워 넣었으나 다시 물이 쏟아져버렸습니다. 세번째로 항아리에 물을 부어서 세워 두었으나 또 다시 쏟아졌습니다. 화가 머리 끝까지 난 그는 항아리를 깨버리고 말았습니다. 정신을 차린 후에 그는 자신이 마귀의 속임수에 걸려들었음을 깨달았습니다. 그는 "고독 속에서 홀로 살아 보아도 결국 지고 말았군. 수도원으로 돌아가야겠어. 어디를 가든지 하나님의 도우심과 인내와 싸움이 있잖아"하고 생각했습니다. 그는 바로 일어나 수도원으로 돌아갔습니다.

◈ 70 ◈

한 수사가 사부에게 질문했습니다.

"저는 수도사처럼 행동하지 못하고 마음대로 먹고 마시며 조심성 없이 잠자곤 합니다. 그리고 이 일을 하다가도 저 일을 하며 이 생각을 하다가도 저 생각을 하는 것때문에 매우 큰 고통을 받고 있습니다. 어찌하면 좋겠습니까?"

사부가 그에게 말했습니다.

"당신의 수실에 앉아 있으시오. 그리고 가능한 마음의 동요를 없애도록 하시오. 당신이 그렇게 하는 것은 안토니 교부가 산 위에서 이루신 위대한 일과 똑같은 가치가 있는 것으로 생각하오. 당신이 하나님의 이름을 위하여 수실에 앉아서 정신을 똑바로 지키고 있다면 안토니 교부가 계셨던 곳과 똑같은 곳에 있게 될 것이라고 믿소."

◈ 71 ◈

한 사부에게 누군가가 물었습니다.

"열심이 있는 수사라면 동료들이 세상으로 나가는 것을 보고도 가만히 있을 수 없겠지요?"

그가 대답했습니다.

"토끼들을 쫓는 개들을 보십시오. 사냥개가 토끼를 발견하면, 그 개는 다른 것에는 전혀 관심하지 않고 오로지 잡을 때까지 그 토끼를 쫓아갑니다. 그 개가 달려가는 것을 본 다른 개들은 잠시 동안은 같이 쫓아가다가도 곧 되돌아 옵니다. 그러나 토끼를 본 개는 다른 개들이 돌아간다고 해서 그들과 함께 가지 않고 산골짜기든, 바위든, 낭떨어지든 상관하지 않고 그것을 잡을 때까지 계속 쫓습니다. 그리스도를 주님으로 쫓는 사람도 마찬가지입니다. 십자가에 달리신 분에게 도달하기까지 그는 십자가를 주목하는 것 외에는 다른 어떤 일에도 관심을 갖지 않습니다."

72

한 사부가 말했습니다.

"너무 자주 옮겨 심는 나무는 열매를 맺지 못하는 것처럼, 거처를 이곳에서 저곳으로 자주 옮겨 다니는 수도자는 덕의 열매를 맺을 수 없습니다."

73

수도원을 떠나고픈 마음으로 시험에 빠진 수사가 그 사실을 사부에게 고하자 사부가 말했습니다.

"수실에 돌아가서 그곳에 앉아 절대로 밖으로 나오지 말거라. 네 상상력은 어떻게 활동하든지 내버려 두라. 다만 네 몸만은 수실에서 나오지 못하게 하거라."

◈74◈

한 사부가 말했습니다.

"수도사의 수실은 다니엘의 세 친구가 하나님의 아들을 만난 풀무불이요, 하나님이 모세와 함께 이야기를 나누시던 구름기둥과 같습니다."

◈75◈

한 수사가 9년 동안 수도원을 떠나고 싶은 유혹과 싸웠습니다. 매일 아침이면 그는 길을 떠나려고 짐을 꾸리고, 밤이 되면 "내일이 되면 이곳을 떠나야지"라고 결심하고, 아침이 되면 다시 "주님을 위해서 오늘 하루는 참아보자"라고 마음을 바꾸곤 했습니다.

그렇게 반복하기를 9년, 결국 하나님은 그에게서 유혹이 물러나게 하셨습니다. 그리고 그는 평화를 얻게 되었습니다.

◈76◈

시험에 빠진 한 수사는 번민에 잠겨 수도원의 규율도 지키지 않았습니다. 규율들을 다시 지키기를 원했지만 매번 번민이 그 일을 막고 말았습니다. 그는 "어떻게 하면 이전 상태로 되돌아 갈 수 있을까?"라며 한숨을 쉬었습니다.

낙심에 빠져 수도원의 규율에 따른 여러 가지 일들을 전혀 할 수 없었던 그는 결국 한 사부를 찾아가서 자신의 문제에 대해 상의했습니다. 그

의 상태를 알게 된 사부는 다음과 같은 이야기를 해주었습니다:

많은 땅을 가진 남자가 있었는데 게으름 때문에 그의 땅은 황폐해졌고 잡초와 엉겅퀴만이 자라게 되었습니다. 후에 그는 그곳을 경작하고 싶은 마음이 들어서 그의 아들에게 "가서 땅을 일구라"고 명령했습니다.

그곳으로 간 아들은 땅이 온통 엉겅퀴로 덮여 있는 것을 보고는 실망해서 "언제 저것들을 다 뽑아내고 땅을 일굴 수 있겠는가?"라며 자리에 누워 여러 날 동안 잠만 잤습니다.

후에 그의 아버지가 와서 그 모습을 보고는 아들이 아무 일도 하지 않은 것을 알고, 아들에게 물었습니다.

"너는 왜 지금까지 아무것도 하지 않았느냐?"

"아버지, 제가 이곳에 와보니 잡초와 엉겅퀴만 무성하게 자라고 있었습니다. 저는 그것을 모두 한꺼번에 제거할 수 없었기 때문에 낙심해서 그냥 두고 땅에 누워버렸습니다."

"아들아, 네가 잠잘 자리를 만들기 위해 그곳에 있던 잡초를 뽑아낸 것처럼 매일 조금씩만 땅을 경작하거라. 그러면 너는 용기를 잃지 않고 일을 할 수 있을 것이다."

이 말을 들은 아들은 매일 조금씩 일을 해서 마침내는 그 땅을 모두 일구어 놓게 되었습니다.

"형제여, 이것은 당신에게 있어서도 마찬가지입니다. 포기하지 않고 조금씩 규율들을 지키다 보면 하나님의 은혜에 의해서 이전의 상태를 되찾게 될 것입니다."

이 말씀대로 그 수사는 인내심을 갖고 규율을 하나씩 지켜나가게 되었고 그리스도의 은혜에 의해서 평화를 얻게 되었습니다.

∽77∽

한 사부가 지병을 갖고 있었습니다. 그런데 한 일년 동안 그에게는 그 증상이 나타나지 않았습니다. 그 사부는 초조해져서 다음과 같이 말하면서 우는 것이었습니다.

"하나님은 나를 포기하시고 나를 방문하시지도 않으신다."

∽78∽

한 사부가 말했습니다.

"9년 동안이나 자신은 구원받을 수 없다는 생각에 시달려 온 한 수사가 있었습니다. 빈틈이 없었던 그는 '나는 영혼을 잃었으므로 세상으로 돌아가야 한다' 면서 자신을 정죄했습니다. 길을 걷고 있는 그에게 한 소리가 들려왔습니다. '9년 동안이나 유혹과 싸워 왔으므로 나는 네게 면류관을 주겠다. 네 거처로 돌아가라. 나는 네게서 그 유혹이 사라지도록 도와 주겠다.' 유혹 때문에 절망해서는 안됩니다. 오히려 유혹을 잘 참아내기만 하면 면류관을 받을 수 있습니다."

∽79∽

시련을 잘 견디낸 한 제자와 함께 테베에 있는 한 동굴에서 살고 있는 사부가 있었습니다. 사부는 반드시 매일 저녁 제자로 하여금 그의 가르침을 받은 후에 기도를 드리고나서 잠자리에 들게 했습니다.

인내와 흔들리지 않는 믿음을 가지라

어느날 사부의 훌륭한 금욕 생활을 알고 있는 경건한 세속인들이 그를 방문했습니다. 그는 그들에게 가르침을 베풀었습니다.

그들이 가버리고 나서 밤이 되자 사부는 습관대로 제자를 가르치기 위해서 자리에 앉아 이야기를 하다가 그만 잠이 들고 말았습니다. 제자는 사부가 깨어나서 함께 기도드리기를 기다렸습니다. 오랜 시간 기다려도 사부는 깨어나지 않았습니다. 제자는 그냥 자러 가고 싶었으나 자신을 꾸짖고 그러한 생각을 억제하면서 그대로 앉아 있었습니다.

잠시 후에 그 생각이 다시 그를 괴롭혔으나 그는 자러 가지 않았습니다. 이런 싸움이 일곱 번 정도 계속되었습니다.

밤이 거의 반은 지나가 버렸을 때 사부가 일어났습니다. 스승은 제자가 아직도 그의 앞에 앉아 있는 것을 보고 그에게 물었습니다.

"왜 아직도 자러 가지 않았느냐?"

"스승님이 저를 자러 보내지 않으셨기 때문입니다."

"왜 나를 깨우지 않았느냐?"

"성가시게 할까봐 감히 스승님을 깨우지 못했습니다."

그들은 일어나서 새벽 기도문을 암송했습니다. 기도가 끝나자 사부는 제자를 자러 보내고 홀로 앉아 있었습니다. 그때 황홀경에 빠졌는데, 누군가가 그를 한 개의 보좌가 있고 그 보좌 위에 일곱 개의 면류관이 놓여 있는 아름다운 장소로 데려갔습니다. 그는 자기에게 그것을 보여준 사람에게 물었다.

"저것은 누구의 것입니까?"

"그것들은 당신 제자의 것입니다. 하나님이 그의 순종 때문에 그에게 이 보좌를 주시는 것입니다. 그는 지난 밤에 이 일곱 개의 면류관을 쓸 만한 일을 행했습니다."

이 소리를 듣고 깜짝 놀라서 황홀경에서 깨어난 사부는 제자를 불러서 그에게 물었습니다.

"지난 밤에 네가 무엇을 행했는지 말해 보거라."

"스승님, 용서하십시오. 저는 지난 밤에 아무것도 하지 않았습니다."

사부는 그가 겸손해서 아무말도 하지 않으려 한다고 생각하고는 다시 그에게 물었습니다.

"네가 지난 밤 무엇을 하고 무슨 생각을 했는지 고하기 전에는 너를 내보내지 않겠다."

지난 밤 아무것도 하지 않았다고 생각하고 있는 제자는 무슨 말을 해야 할지 몰라서 다음과 같이 대답했습니다.

"스승님, 저는 당신이 허락하시기 전에 자러 가고픈 생각을 일곱 번 정도 했으나 자러 가지 않은 것밖에는 한 것이 없습니다."

이 이야기를 듣고 사부는 그가 유혹을 이긴 숫자만큼 하나님이 그에게 면류관을 주셨음을 깨닫게 되었습니다. 그는 제자에게 아무 말도 하지 않았지만 그러나 영적 교부들에게는 그들의 유익을 위해서 그 일을 이야기 해주었고, 그래서 우리는 하나님께서는 비록 작은 선이라도 그것에 대한 보상을 내리신다는 것을 알게 되었습니다.

그러므로 하나님을 위해서는 스스로를 자제하는 것이 옳은 일입니다. 성경에도 있듯이 하늘나라는 지금까지 침노당해 왔으며 침노하는 자는 빼앗는 곳입니다(마 11:12).

80

스케테에 있는 한 사부가 병에 들었습니다. 그는 홀로 살았기 때문에 돌봐줄 사람이 없었습니다. 그는 일어나서 방에 있는 것을 먹었습니다. 많은 날 동안 이런 식으로 살아가고 있었지만 누구도 그를 보러 온 사람이 없었습니다.

30일간 이렇게 아무도 그를 방문하지 않자 하나님은 천사를 보내 그를 수종들게 하셨습니다. 그렇게 7일을 지냈을 때 교부들이 그를 기억하고는 방문을 두드렸습니다. 사람들의 소리가 나자 천사는 떠나고 말았습니다. 이에 안에서 사부가 "형제들이여! 어서 돌아가시오"라고 고함질렀습니다.

그들은 안으로 들어가서 왜 고함을 치느냐고 물었습니다.

"내가 30일 동안 앓아 누웠는데도 아무도 나를 방문하는 사람이 없자 지난 7일 동안 하나님이 천사를 보내셔서 나를 돌보게 하였는데, 당신들이 오는 소리가 나자 그가 가버렸소."

이 말을 마치고 그 사부는 죽어 버렸습니다. 그들은 매우 놀라면서 소망을 갖고 있는 사람은 결코 포기하지 아니하시는 하나님께 영광돌렸습니다.

81

한 사부가 말했습니다.

"병에 걸렸다고 하여도 흔들리지 마십시오. 주님께서 병자가 되기를 원하신다면, 그것에 저항할 수 있겠습니까? 그분은 모든 일 속에서 너를 도우시는 분이 아니었습니까? 그분 없이 살아갈 수 있습니까? 슬퍼하지 말고 생활하십시오. 그리고 필요한 것들을 그분께 구하십시오. 네게 주시는 자비의 선물을 먹으면서 인내하는 것이 그분의 뜻일 것입니다."

82

교부들 중 한 사람이 다음과 같이 말했습니다.

"내가 옥시린쿠스에 있었을 때 몇몇 가난한 사람들이 구제를 받기 위해 주일 저녁이면 그곳으로 오곤했었습니다. 우리들은 자리에 누웠는데 이불이 한 장 밖에 없어서 그 한 장으로 반은 깔고 반은 덮은 채로 잠이 들었습니다. 그날은 날씨가 추웠습니다. 화장실에 가기 위해 밖으로 나왔을 때 매서운 추위 때문에 그 사람이 덜덜 떠는 소리를 들었습니다. 그런데 그는 '감사합니다, 주님. 얼마나 많은 부자들이 현재에도 수갑에 채여 감옥 속에 있으며, 얼마나 많은 사람이 그들의 발을 착고에 채여서 그들의 육체가 원하는 대로 갈 수 없는 신세가 되었습니까? 그러나 저는 내 발이 가고 싶은 곳으로 가는 왕과 같습니다' 라고 말하며 스스로를 위로하고 있었습니다. 이 말을 수사들에게 들려 주었더니 그들 역시 감동을 받았습니다."

83

한 수사가 사부에게 말했습니다.

"만일 제게 고통이 임했으나 그것을 나눌 만한 사람이 아무도 없다면 어떻게 하면 좋겠습니까?"

"만일 당신이 주께 신실하다면 하나님이 그의 은혜를 보내주실 것이며 도우실 것입니다. 저는 스케테에 있을 때 다음과 같은 일이 있었다는 이야기를 들었습니다.

마귀와의 싸움에서 훌륭한 전사였던 한 수도사가 있었는데 그는 자신의 갈등을 나눌 만한 사람이 아무도 없었습니다. 그는 세상으로 떠나기 위해서 외투를 싸기 시작했습니다. 그때 그는 여인의 모양으로 나타난 하나님의 은혜를 발견했습니다. 그녀는 '어떤 이유로도 떠나지 마십시오. 이곳에서 나와 함께 그대로 머무르십시오. 왜냐하면 당신이 말했었던 그런 악은 아무것도 발생하지 않았기 때문입니다' 라고 말했습니다. 이에 그는 힘을 얻어 그곳에 그대로 남아 있었으며, 즉시 그의 마음이 치유받았습니다."

분별력을 기르라

~ 84 ~

한 수사가 교부들 중 한 사람에게 사람이 악한 생각만으로써 더럽혀질 수 있느냐고 물었습니다. 사람들 사이에서 그 문제에 관한 토론이 일어났습니다.

어떤 이는 "사람은 악한 생각을 하는 것만으로도 타락한 존재가 됩니다"고 했습니다.

또 다른 사람은 "아닙니다. 만약 그렇다면 우리는 연약한 존재이므로 아무도 구원받을 수 없습니다. 악한 생각이 떠오른다고 하더라도 그것을 몸으로 이행하지 않는다면 그는 타락한 것이 아닙니다"라고 했습니다.

그 수사는 많은 경험을 가진 한 훌륭한 사부를 찾아가서 그 문제에 관해서 상의드렸습니다. 이에 사부가 그에게 "사람은 자신의 능력에 따라 각자에게 떠오르는 생각들을 통제합니다"라고 대답해주었습니다.

"주님의 이름을 위하여 말씀하신 것을 제게 설명해 주십시오"

"시험에 들 만한 물건이 여기에 놓여 있으며 그때 한 사람은 덕이 뛰어나고 한 사람은 그보다 못한 두 수사가 들어왔다고 가정해봅시다. 완전한 사람은 스스로에게 '이 물건을 참으로 갖고 싶구나'라고 생각하지만, 그는 그러한 생각을 더이상 계속하지 않고 즉시 물리쳐서 더렵혀지지 않았습니다. 아직 완전한 단계에 이르지 못한 수사 역시 그 물건을 갖고 싶었습니다. 그는 그 생각에 사로잡히게 되었습니다. 그러나 그 사람도 역시 그것을 실제로 취하지 않았다면 역시 더렵혀진 것이 아닙니다."

⸺ 85 ⸺

한 사부가 어느날 생각 속에서 중죄에 빠진 한 수사에 관해서 이야기를 해주었습니다.

양심의 가책을 느낀 그는 그것을 고백하려고 한 사부를 찾아갔습니다. 그러나 그는 자신이 행한 것을 그대로 고하지 않고 단순히 물었습니다. "어떤 사람이 악한 생각을 했습니다면 그는 구원받을 수 있겠습니까?"

분별력이 별로 없는 그 사부는 구원받지 못한다고 대답했습니다.

이 말을 들은 수사는 "만일 내 영혼을 구원받을 수 없다면 세상으로 돌아가는 것이 낫겠다"고 생각했습니다.

그러나 그는 돌아가는 길에 실베인 교부를 찾아가서 이 문제에 대해서 한 번 더 의논해 보기로 했습니다. 신령한 교부 실베인은 뛰어난 영적 분별력을 지닌 사람이었습니다.

그에게 갔을 때에도 그 수사는 앞에서 했던 대로 자기가 행한 일을 자세히 말씀하지 않고 단순한 질문만 했습니다.

"어떤 사람이 악한 생각을 했다면, 구원받을 수 있겠습니까?"

이 말을 들은 실베인 교부는 성경을 보여 주면서 대답하였습니다.

"성경 어느 곳에도 사람이 악한 생각을 하는 것만으로 구원에서 떨어진다고 말한 곳은 없습니다."

이 말을 듣고 힘을 얻은 수사는 자신이 행한 일을 모두 말씀드렸습니다. 그 교부는 훌륭한 의사처럼 성경을 통해서 그의 영혼을 위로했으며 회개에 의해서 사람은 다시 하나님께 나아갈 수 있음을 깨닫게 해주었습니다.

후에 그 교부는 그 수사가 먼저 상의했었던 그 사부를 만나서 이 모든 일들을 이야기해 주면서 다음과 같이 말했습니다.

"절망에 빠져 세상으로 나가려고 했었던 그 수사가 수사들 사이에서 별처럼 찬란히 빛을 발하고 있는 것을 보십시오."

사부는 분별력이 모자라는 사람에게 생각이나 죄에 관해서 의논하는 것이 얼마나 위험한 것인가를 알리기 위해서 이 이야기를 우리에게 전해준 것입니다.

86

한 사부가 말했습니다.

"우리가 정죄받게 되는 것은 악한 생각을 하기 때문이 아니라, 우리가 그것을 실천하는 경우입니다. 실제로 악한 생각 때문에 우리가 파멸될 수도 있지만, 또한 그러한 생각을 억제함으로써 우리로 하여금 영광을 얻게 합니다."

◈87◈

한 수사가 사부에게 말했습니다.

"저를 괴롭히는 유혹이 매우 많은데도 저는 그것들과 어떻게 싸워야 할지 모릅니다. 이를 어쩌면 좋습니까?"

사부가 그에게 말했습니다.

"그것들 모두와 싸우려 하지 말고 오직 한 가지와 싸우십시오. 왜냐하면 수도사의 모든 유혹은 수도자의 머리 하나에서 나오는 것이기 때문입니다. 오직 한 가지만 대적하여 싸우다 보면 모든 유혹들은 사라져 버립니다."

◈88◈

악한 생각들에 대하여 위의 사부가 대답했습니다.

"형제들이여, 우리가 행위를 억제하듯이 정욕도 억제합시다."

◈89◈

한 사부가 말했습니다.

"사막에서 거하기 원하는 사람은 가르칠 수 있어야 하지만 가르침은

받을 필요가 없는 사람이어야 합니다. 그렇지 않다면 그는 고통을 당하게 될 것입니다."

∽90∽

한 사부에게 누군가가 물었습니다.

"어떻게 해야 하나님을 발견할 수 있습니까?"

"금식, 철야기도, 노동 그리고 무엇보다도 분별함을 통해서 하나님을 발견할 수 있습니다. 많은 사람들이 분별없이 행동하다가 아무것도 얻지 못한 채 떠납니다. 우리의 입은 금식을 통해서 나쁜 냄새를 내고, 우리는 성경과 다윗의 시편 모두를 암송하지만, 하나님이 찾으시는 것, 즉 사랑과 겸손을 소유하지 못하고 있습니다."

∽91∽

한 수사가 질문했습니다.

"교부님, 저는 사부에게 가서 나의 영혼의 구원에 대해서 상의했고 그분은 제게 많은 것을 말씀해 주셨습니다. 그런데 저는 그것을 전혀 기억하지 못합니다. 그것들에 관해서 계속 물어본다는 것은 무슨 유익이 있습니까? 참으로 저는 죄에 빠진 인간입니다."

마침 그곳에 두 개의 빈 항아리가 있었습니다. 사부가 그에게 말했습니다.

"항아리 하나를 가져와서 그 안에 기름을 부었다가 닦아내보거라. 그리고 그것을 다시 제자리에 갖다 놓으라."

그는 여러 번 반복했습니다. 사부가 그에게 말했습니다.

"두 개의 항아리를 가져와서 어느 것이 더 깨끗한지 보거라."

"기름을 넣었던 것입니다."

"우리의 영혼도 마찬가지이다. 영혼에 관해 묻는 사람의 영혼은 비록 물어보았던 것들을 전혀 기억하지 못더라도 전혀 물어보지 않았던 사람의 영혼보다 깨끗하다."

92

한 수사가 침묵의 기도를 드리는 삶을 살고 있었습니다. 그때 그를 유혹하기 위하여 사탄은 천사의 모습으로 그에게 나타나 영성체가 있는 집회에 가라고 말하면서 그를 침묵에서 깨어나도록 했으며 그에게 빛을 보여주기도 했습니다. 그래서 그는 한 사부를 찾아가 물었습니다.

"교부님이시여, 천사들이 빛과 함께 나타나서 집회에 가라고 저를 침묵에서 깨어나게 했습니다."

"나의 아들아, 그들의 말을 듣지 말라. 왜냐하면 그들은 마귀들이기 때문이다. 그들이 흔들기 위해서 네게로 오면 너는 '나는 내가 원할 때만 일어날 것이며 너희들의 말은 듣지 않겠다' 라고 말하거라."

그 수사는 사부의 충고를 듣고 자기의 수실로 돌아갔습니다.

다음날 밤 다시 마귀들이 그를 방해하기 위해서 찾아왔습니다. 수사는 사부가 가르쳐준 대로 그들에게 말했습니다.

"나는 내가 일어나고 싶을 때만 일어나겠다. 나는 너희의 말을 듣지 않겠다."

그러자 마귀들이 그에게 말했습니다.

"그 악한 사부가 너를 속였구나. 사실 그는 거짓말장이다. 왜냐하면 한 수사가 그를 찾아가 돈을 빌려 달라고 했으나 그는 돈을 가지고 있으면서도 '나에게는 한 푼도 없다'고 말하면서 그에게 돈을 꾸어주지 않았다."

새벽이 되자 그 수사는 사부를 찾아가서 이 모든 사실을 그에게 말했습니다. 그러자 교부는 이렇게 말했습니다.

"나는 돈을 가지고 있었단다. 그러나 한 수사가 돈을 꾸러 왔을 때 나는 그에게 돈을 주지 않았다. 나는 내가 만일 그에게 돈을 준다면 우리의 영혼이 고통을 받게 된다는 것을 알고 있었기 때문이었다. 나는 그가 열 개의 계명을 범하고 해를 당하게 되는 것보다 차라리 내가 하나의 계명을 범하는 편이 더 낫다고 생각했다. 그러므로 너를 미혹하고 있는 마귀들의 말을 듣지 말라."

그는 그 사부에게서 큰 위로를 받고 자기의 수실로 돌아갔습니다.

∽93∽

한 사부가 말했습니다.

"수도사는 순종과 명상의 삶을 살며, 남을 판단하지 않고 중상모략하지 않으며, 불평하지 말아야 합니다. 성경에는 '여호와를 사랑하는 너희여 악을 미워하라'(시 97:10)고 쓰여 있습니다. 수도사가 물의하거나, 악을 추구하거나, 모든 일에 대해서 간섭하거나 불합리한 말들을 귀담아

들어서는 안됩니다. 또한 남의 것을 훔쳐서도 안되며 남에게 자기의 것을 주어야 하며 자만심을 가지거나 음란한 생각을 해서도 안됩니다. 마지막으로 탐욕스러우면 안되고 모든 일을 분별해서 처리해야 합니다. 수도사의 삶은 이러해야 합니다."

94

다음은 한 위대한 사부에 관해서 교부들 중의 몇 사람이 전해 준 이야기입니다. 만일 어떤 사람이 그에게 찾아가 충고를 구하면 그는 다음과 같이 말하곤 했습니다.

"보시오. 나는 하나님의 편이 되기 위하여 가고 있으며, 내 자신을 심판의 보좌 위에 앉히러 가고 있오. 그런데 당신이 내게서 원하는 것이 무엇입니까? 만일 당신이 '제게 자비를 내려 주십시오' 라고 말한다면 하나님은 네게 '만일 네가 자비를 원한다면 너 또한 형제들에게 자비를 베풀어주며, 만일 용서를 구한다면 너 또한 네 이웃의 잘못을 용서해야 한다' 고 말씀하십니다. 하나님 안에 불공평이 있을 수 있습니까? 그러므로 우리가 구원받기를 원하는가 아닌가 하는 일은 우리에게 달린 것입니다."

95

켈즈의 사부 중 한 사람은 스스로에게 많은 고된 일을 부과했다고 합니다. 하루는 그가 성무일과를 바치고 있는데, 다른 사부가 그를 찾아왔다가 그가 그의 생각과 싸우면서 하는 말을 들었습니다.

"이 단 한마디의 말 때문에 내가 얼마나 오랫동안 다른 모든 것을 잃어야 하는가?"

그래서 방문자는 그가 누군가와 싸우고 있다고 생각되어 화해시키기 위해 방문을 두드렸습니다. 그런데 그가 들어갔을 때 방 안에는 그 사부 혼자였습니다. 그는 사부과 자유롭게 말할 수 있는 사이였으므로 기탄없이 물었습니다.

"사부님, 누군가와 싸우지 않으셨습니까?"

그러자 사부가 대답했습니다.

"내 생각과 싸우고 있는 중이라네. 내가 성경에 있는 14권의 책을 읽고 성무일과를 외우고 있을 때, 갑자기 지겹다는 생각이 들었네. 그래서 내 생각과 싸우고 있다네."

~96~

한 사부가 말했습니다.

"예언자들은 하나님의 말씀을 전해 주셨고 우리의 교부들은 그것들을 실천하셨습니다. 그 후에 그의 후계자들은 그것을 암송했으나 현 세대는 그것들을 기록하고는 사용하지 않고 그들의 진열장 안에 넣어 버렸습니다."

97

수도원의 몇몇 수사들이 은둔자를 만나기 위하여 사막으로 왔습니다. 은둔자는 그들을 반갑게 맞아 주었습니다. 그는 그들이 지쳐 있음을 깨닫고 그들의 습관대로 규정된 식사 시간 전에 그들을 초대하여 원기를 돋구어 줄 수 있는 음식들을 대접했습니다. 저녁이 되자 그들은 시편 12편을 밤이 늦도록 암송했습니다. 은둔자는 혼자서 철야기도를 했는데, 그들이 "사막의 은둔자들은 수도원에 사는 우리보다 편안한 생활을 하고 있군요"라고 말하는 소리를 듣게 되었습니다.

이른 아침 손님들이 이웃의 다른 은둔자를 방문하려고 준비하고 있을 때 사막의 은둔자는 그들에게 말했습니다.

"그분에게 내 안부를 전해 주시오 그리고 '야채에 물을 주지 마십시오'라고 전해 주시오."

그들은 그가 부탁한 대로 전했습니다. 이웃의 은둔자는 이들이 전하는 말을 듣고 무슨 의미인지를 알았습니다. 그래서 그들에게 저녁이 될 때까지 일을 시켰습니다.

저녁이 되자 그들과 함께 긴 일과기도를 바친 그는 말했습니다.

"이제 잠시 쉬도록 합시다."

그리고 그들을 식탁으로 인도하면서 말했습니다.

"날마다 식사하는 것은 우리의 습관이 아니지만 당신들을 위해 조금 듭시다."

그는 마른 빵과 소금을 가져와서 소금에 초를 치면서 말했습니다.

"당신들을 위하여 우리 축하합시다."

식사를 마치고 자리에서 일어나자마자 그들은 새벽이 될 때까지 일과

기도를 드려야 했습니다.

"당신들의 형편 때문에 우리 은둔자들의 규칙을 온전히 지킬 수 없군요. 당신들은 먼 곳에서 오신 분들이시므로 이제 조금 쉬도록 하십시오."

아침이 되었습니다. 그는 수도원의 수사들이 그곳에서 빨리 떠나고 싶어한다는 것을 눈치챘습니다.

그는 수사들에게 "조금만 더 저와 함께 머물러 주십시오. 적어도 삼일 동안만 더 머물러 사막의 전통적인 습관대로 살아보는 것이 어떻겠습니까?"라고 청했습니다.

그가 자신들을 보내려 하지 않는 것을 안 그들은 몰래 도망가 버리고 말았습니다.

～98～

한 수사가 사부에게 말했습니다.

"잠이 들어서 일과기도를 드려야 할 적절한 시간을 놓치게 되면, 저는 사람들이 저를 어떻게 생각할 것인가 하는 것과 제가 늦게라도 기도하지 못할까봐 두렵습니다."

사부가 그에게 말했습니다.

"만일 아침까지 잠을 잤다 하더라도 깨어났을 때 창문을 열고 일과기도를 드리시오. 왜냐하면 성경은 '낮도 주의 것이요 밤도 주의 것이라'(시 74:16)라고 말씀하고 있기 때문입니다. 진실로 하나님은 모든 시간 속에서 영광받으시는 분이십니다."

~99~

한 사부가 말했습니다.

"많이 먹지만 항상 배고픈 사람이 있고, 적게 먹어도 만족하는 사람이 있습니다. 많이 먹어도 배고픈 사람이 적게 먹고도 만족해 하는 사람보다 큰 상급을 받습니다. 왜냐하면 그가 더욱더 많이 참는 자이기 때문입니다."

~100~

한 사부가 말했습니다.

"만일 당신과 상대방 사이에 불쾌한 말이 오고 가게 되는 경우에 있어서, 상대방이 '그것은 내가 한 말이 아닙니다'라고 말할 때는 '아니오. 그 말을 한 것은 당신이오'라면서 그와 논쟁하지 마십시오. 왜냐하면 그가 '그래, 내가 했습니다. 그렇다면 어쩌겠습니까?'라고 말함으로써 반격이 시작되기 때문입니다."

~101~

한 수사가 사부에게 말했습니다.

"제 누이는 가난합니다. 제가 그녀에게 사랑을 베푸는 것은 다른 가난한 사람에게 사랑을 베푼 것과 똑같은 것이 아닐까요?"

그러자 사부가 말했습니다.

"아니다."
"사부님, 왜 그렇습니까?"
"왜냐하면 피는 물보다 진한 것이기 때문입니다."

❧102❧

한 사부가 말했습니다.
"모든 말에 동의하지는 마십시오. 더디게 믿고, 진리를 말할 때는 빨리 하십시오."

❧103❧

한 사부가 말했습니다.
"비록 성인들이 이 세상에서 고통받는다고 하더라도 그들은 이미 안식의 상급을 받고 있습니다."
왜냐하면 그들은 이 세상의 모든 염려들로부터 자유한 자이기 때문이라는 것입니다.

❧104❧

한 사부가 말했습니다.
"한 수도사가 그가 정진할 수 있는 장소를 알고 있으면서도 그곳이 생필품을 가져가기 어려운 곳이라는 이유 때문에 가지 않는다면, 그는 하나님이 존재하심을 믿지 않는 자입니다."

◈105◈

한 수사가 젊은 수도사에게 질문했습니다.
"자네는 침묵하는 것이 나은가, 아니면 말하면서 지내는 것이 나은가?"
수도사는 "만약 말이 필요없다면 내버려 두십시오. 그러나 만일 말이 필요하다면 말을 하십시오. 더욱이 말이 필요할지라도 연설을 길게 하지 말며 재빨리 말하고 곧 끝맺으십시오. 그러면 평화와 고요, 안식을 얻게 될 것입니다"라고 대답했습니다.

◈106◈

한 사부가 말했습니다.
"우리가 처음 모였을 때는 영혼의 유익함에 대해서 이야기를 나누었기 때문에 우리는 진보되고 영혼이 고양되었습니다. 그런데 지금 우리는 서로를 헐뜯음으로써 지옥으로 이끌고 있습니다."

107

한 교부가 말했습니다.

"속사람이 조심할 줄 안다면 겉사람도 또한 그러할 것입니다. 만일 그렇지 않다면 우리는 할 수 있는 한 우리의 혀를 조심해야 합니다."

108

위의 사부가 다시 말했습니다.

"영적인 노동이 본질적인 것입니다. 우리가 사막으로 온 것은 이 때문입니다. 몸으로 실천하지 않으면서 말로만 가르친다는 것은 매우 힘든 일입니다."

109

한 교부가 말했습니다.

"사람은 항상 전념해야 합니다. 만일 사람이 하나님의 일에 전념한다면 매 시간 그에게 접근하는 마귀들이 그의 안에서 자리잡지 못하게 됩니다. 반면에 만일 마귀에 의해 사람이 사로잡히게 되면 성령이 종종 그에게 나타나십니다. 그러나 그분에게 자리를 내어드리지 않으면 그분은 사람의 악함 때문에 그에게서 물러가 버리십니다."

어느날 이집트로부터 몇몇 수도사가 사부들을 만나기 위해 스케테로 왔습니다. 그들은 금식으로 배고픔에 지친 사부들이 허겁지겁 음식을 먹는 것을 보고 매우 불쾌하게 생각했습니다.

이 사실을 안 사제 한 사람이 이집트 수도사들의 불쾌감을 시정시켜 주고 싶었습니다. 그는 성당에서 다음과 같이 설교했습니다.

"형제들이여, 금식을 하고 당신들의 금욕생활을 연장하십시오."

이집트 수도사들은 그곳을 떠나고자 했지만 그는 그들을 만류했습니다. 첫날부터 그들은 지쳐버렸습니다. 그러나 사제는 스케테의 사부들이 한 주 내내 금식하는 동안 그들에게는 하루 걸러 한 번씩 금식하게 했습니다. 토요일이 되었습니다. 이집트의 수도사들은 사부들과 함께 식탁에 앉았습니다. 이집트 수사들이 탐욕스럽게 먹기 시작하자 한 사부가 그들의 손을 붙잡으면서 "수도사답게 천천히 드십시오"라고 말했습니다.

그러자 그들 중 한 사람이 그의 손을 뿌리치면서 "내버려 두십시오. 지난 일주일 동안 음식을 먹지 못해서 죽을 지경입니다"라고 대꾸했습니다. 그러자 사부는 "이틀에 한 번씩 금식했으면서도 그럴 지경이라면 어떻게 당신들은 항상 금식하는 형제들이 음식을 먹는 것을 보고 그렇게 불쾌해 했습니까?"라고 물었습니다.

이집트인들은 스케테의 수도사들에게 용서를 구했으며 많은 것을 깨닫고는 즐거운 마음으로 그곳을 떠났습니다.

◈111◈

세속을 떠난 한 수사가 수도복을 입은 즉시 말했습니다.

"나는 은둔자입니다."

이 말을 들은 사부들은 그에게 형제들의 수실을 돌아다니면서 절하며 "용서하십시오. 저는 은둔자가 아니라 초보자입니다"라고 말하도록 명령했습니다. 그는 그 명령대로 했습니다.

◈112◈

한 사부가 이렇게 말했습니다.

"네가 만일 자기 자신의 의지에 의해 하늘로 올라가려는 젊은이를 본다면, 너는 그의 발을 붙잡고 땅 아래로 잡아당겨라. 왜냐하면 그것이 그에게는 유익한 것이기 때문입니다."

◈113◈

한 수사가 사부에게 말했습니다.

"사부님, 저는 제 마음에 드는 사부를 만나서 그와 함께 살고 싶습니다."

그러자 사부가 말했습니다.

"주님께서 당신이 찾은 그 일을 도와 주시기를 원하네!"

그 수사는 자신의 뜻이 훌륭한 것이라고 확신하고 있었으므로 사부가 말씀하신 것이 무슨 뜻인지 몰랐습니다. 사부는 그가 자신의 생각이 옳다고 생각하고 있다는 것을 알게 되었습니다.

사부는 "만일 자신이 원하는 사부를 발견한다면 그와 함께 있겠습니까?"라고 물었습니다.

"예, 만일 제가 원하는 사람을 만난다면 함께 있겠습니다."

"그것은 그 사부의 뜻을 따르려는 것이 아니라 그로 하여금 당신의 뜻을 따르게 함으로써 당신이 평화를 누리려는 것이 아닌가?"

그제서야 수사는 사부가 말씀하시는 의미를 깨닫고 벌떡 일어나 그에게 절하면서 사죄했습니다.

"용서해 주십시오. 저는 그것이 실제로 아무것도 아님에도 불구하고 선한 말을 했습니다고 생각했습니다."

～114～

형제가 세속을 떠났는데 동생이 먼저 수도사가 되었습니다. 교부들 중 한 사람이 그들을 방문했습니다. 그들은 대야를 가져와서 동생이 그의 발을 씻기려고 했습니다. 그런데 사부는 그의 팔을 잡으면서 그 자리에 그의 형을 서게 했습니다. 그 자리에 함께 있었던 사부들은 그에게 말했습니다.

"교부님, 동생이 먼저 수도사가 되었습니다."

동생의 자리에 형을 서게 한 사부가 그들에게 말했습니다.

"그러나 나는 동생에게서 우선권을 빼앗아 그것을 형에게 주겠소."

◈115◈

한 사부가 말했습니다.

"만일 누군가가 어느 지방에 살면서 그 지방에 제공할 수 있는 열매를 맺지 못한다면, 그는 그곳에서 쫓겨날 것입니다. 왜냐하면 그곳에서 일하는 방법을 알지 못하기 때문입니다."

◈116◈

한 사부가 말했습니다.

"만일 누가 하나님의 뜻을 따르지 않고 자신의 뜻을 따랐지만 그것이 무의식 중에서 행한 것이라면, 후에 그는 반드시 하나님의 길을 걷게 됩니다. 그런데 만일 그가 하나님의 뜻이 아님을 알면서도 자신의 뜻에 집착하고, 다른 사람들의 견해도 거부한다면, 그는 하나님의 길에 들어서기가 어렵습니다."

◈117◈

한 사부에게 질문했습니다.

"좁고 험한 길이란 무엇입니까?"

사부가 대답했습니다.

"좁은 길이란 자신의 생각을 억제하고 자기 자신의 뜻을 내어버리는 것입니다. '보소서 우리가 모든 것을 버리고 주를 좇았나입니다' (막

10:28)라고 하는 것입니다."

❦118❦

한 사부가 말했습니다.
"수도사의 신분이 세속인보다 존경받고 있는 것처럼, 순회 수도자들은 그들이 방문하는 곳의 은둔자에게 항상 모범이 되어야 합니다."

❦119❦

교부들 중 한 사람이 말했습니다.
"만일 고된 일을 잘하는 수도사가 그렇지 못한 수도사들 사이에 살고 있다면, 그는 발전하지 못하고 다만 게을러지지만 않도록 애쓸 것입니다. 그러나 만일 게으른 수도사가 고된 일을 잘하는 수도사들 사이에서 살고 있다면, 그는 발전할 것이며 부지런해지지는 못하더라도 더 나쁜 상태로 떨어지지는 않게 됩니다."

❦120❦

한 사부가 말했습니다.
"말만 하고 행동하지 않는 사람은 열매 없이 잎사귀만 무성한 나무와 같습니다. 그러나 열매가 무성한 나무는 아름다운 잎사귀가 무성하기도

한 것처럼, 행동을 선하게 하는 사람은 말 역시 적절하게 합니다."

☙121☙

한 사부가 말했습니다.

"타인을 미워하지 마십시오. 누가 당신을 중상모략한다면 좋겠습니까? 그러므로 다른 사람을 중상모략하지 마십시오. 누가 거짓 증거하고, 경멸하며, 불의를 행하며, 무엇인가를 훔쳐 간다면 좋겠습니까? 그러므로 이 모든 일들을 남에게 행하지 마십시오. 이 말씀을 지킬 수 있는 사람은 구원에 필요한 요소들을 갖추고 있는 사람입니다."

다른 사람을 판단하지 말라

◈122◈

대교구장인 사제가 성만찬을 베풀기 위해서 한 은둔자를 방문했습니다.

그런데 어떤 사람이 은둔자를 찾아와서 그 사제에 대해서 좋지 않은 이야기를 하고 갔습니다. 그 말을 듣고 충격을 받은 은둔자는 평소의 습관대로 그 사제가 은둔자를 찾아왔을 때, 그를 맞아들이기를 거부했습니다. 사제는 그냥 돌아가 버리고 말았습니다.

그때 은둔자는 누군가가가 "사람들이 내게서 나의 심판의 권한을 빼앗아 갔습니다"라고 말하는 것을 들었습니다.

은둔자는 황홀경에 빠졌습니다. 그는 황금 우물과 황금 밧줄과 황금 항아리를 보았는데 그곳의 물은 아주 좋은 것 같았습니다.

그는 한 문둥병자가 그 물을 길어서 항아리에 붓고 있는 것을 보았습니다. 그는 그 물을 마시고 싶었지만 문둥병자가 물을 긷고 있었으므로 불결할 것 같아서 먹을 수 없었습니다.

그때 또 어떤 소리가 들려 왔습니다.

"너는 왜 그 물을 마시지 않느냐? 물을 긷고 있는 자가 불결하다는 것이 무슨 문제가 되겠느냐? 그는 다만 물을 길어서 그것을 항아리에 부을 뿐입니다."

황홀경 속에서 깨어난 은둔자는 그 환상의 의미를 깨닫고 사제를 부르러 사람을 보냈으며, 평소처럼 그에게서 성찬을 받았습니다.

∽123∾

어느 수도원에 그들 서로에게 임하시는 하나님의 은혜를 볼 수 있을 정도로 덕이 뛰어난 유명한 두 형제가 있었습니다.

어느 금요일에 그들 중 한 사람이 수도원에서 나오다가 아침부터 음식을 먹고 있는 사람을 보고 그에게 말했습니다.

"오늘은 금요일인데, 당신은 왜 이 시간에 식사를 하고 있습니까?"

다음날에도 평소처럼 예배가 행해졌습니다. 그런데 음식을 먹는 형제를 나무란 수사의 형제는 그 수사에게서 하나님의 은총이 사라져 버린 것을 보고 매우 슬펐습니다. 그들이 방으로 돌아왔을 때 그는 자기의 형제에게 말했습니다.

"형제여, 무슨 일을 행하셨습니까? 나는 늘 당신에게 임하시던 하나님의 은혜를 오늘 볼 수 없었습니다."

그가 대답했습니다.

"나는 행위로나 생각으로 전혀 악을 행하지 않았습니다."

"어떤 말을 했는지 기억해 보십시오."

그제서야 기억이 난 그가 대답했습니다.

"어제 나는 수도원 밖에서 아침부터 음식을 먹고 있는 사람을 보았습니다. 그래서 그에게 '금요일인데도 너는 왜 이 시간에 음식을 먹고 있느냐?'고 물었습니다. 이것이 나의 죄입니다. 그러니 나와 함께 두 주일 동안 하나님께 용서를 구하는 기도를 드려주십시오."

그들은 이를 행했습니다. 두 주간의 기도가 끝났을 때 형제 중 한 사람은 자기 형제에게 하나님의 은혜가 다시 임하셨음을 보았으므로 그들은 위로를 받고 하나님께 감사했습니다.

자기 과시와 야심을 피하라

☞124☜

어느 날 켈즈에 축제가 열렸습니다. 수사들이 교회에서 음식을 먹고 있었습니다. 그때 한 수사가 시중을 드는 사람에게 "요리한 음식은 먹지 않고 다만 빵과 소금만 먹겠습니다"라고 말했습니다.

그러자 시중을 드는 사람은 사람들 앞에서 다른 수사에게 큰 소리로 "이 형제는 요리한 음식을 먹지 않겠다고 합니다. 그에게 소금을 가져다 주십시오"라고 외쳤습니다.

그러자 한 사부가 일어나서 그에게 말했습니다.

"모든 사람들 앞에서 너에 대한 말을 듣기보다 차라리 네 수실에서 혼자 음식을 먹는 것이 더 좋을뻔 했습니다."

～125～

빵을 먹지 않는 금욕을 행하고 있던 수사가 위대한 사부를 찾아왔습니다. 그때 그곳에는 다른 방문객들도 있었습니다. 사부는 그들을 위하여 약간의 음식을 준비했습니다. 그들이 음식을 먹기 위해 식탁에 앉자, 이 수사는 삶은 완두콩 몇 개만 놓고 먹었습니다. 식사가 끝나고 사부는 그를 한쪽으로 데리고 가서 그에게 말했습니다.

"형제여, 누구를 방문했을 때 오늘처럼 행동하면 안되오. 만약 금식 생활을 고수하고 싶다면 수실에서 나오지 말고 그대로 머무르십시오."

사부의 말씀을 통해 가르침을 받은 그는 다른 사람들과 함께 있을 때에는 다른 사람들과 같이 행동했습니다.

～126～

어떤 사람이 한 사부에게 그가 필요한 곳에 쓸 수 있을 정도의 돈을 받아달라고 간청했습니다. 그러나 사부는 자신이 노동을 통해서 필요한 것들을 구입할 수 있다면서 거절했습니다. 그러나 상대방이 가난한 사람들을 돕기 위해서라도 그 돈을 받아달라고 고집했지만, 사부는 다음과 같이 말하면서 끝내 거절했습니다.

"그것을 받는 것은 우리 두 사람 모두에게 양심의 가책을 느끼게 하는 것이 될 것이오. 나는 내게 필요하지도 않은 돈을 받았다는 양심의 가책을 느끼게 될 것이고, 당신은 다른 사람들에게 주어야 할 돈을 내게 주었다는 양심의 가책을 느끼게 될 것입니다."

◈127◈

외국에서 많은 금을 가지고 스케테를 찾아온 한 부유한 사람이 사제에게 그 중 얼마를 수사들에게 나누어 주기를 부탁했습니다. 사제는 대답했습니다.

"수사들에게는 그것이 필요치 않습니다."

그러나 그 부자는 계속 고집을 부리면서 금을 가득 담은 바구니를 교회 문 앞에 갖다 놓았습니다. 그러자 사제가 말했습니다.

"금이 필요한 사람은 그것을 가져가라."

그러나 한 사람도 바구니 앞에 오지 않았고, 그것을 쳐다보는 사람도 없었습니다. 사제는 방문객에게 말했습니다.

"하나님께서는 당신의 사랑을 보셨습니다. 그러니 이것을 가지고 가서 가난한 사람들에게 나누어 주십시오."

그 방문객은 큰 감동을 받고 그곳을 떠났습니다.

◈128◈

어떤 사람이 약간의 돈을 사부에게 가져와서 말했습니다.

"당신은 늙으셨고 병이 드셨으니 이 돈을 받아 필요한 데 쓰십시오."

사실 사부는 허약한 상태였습니다. 그러나 그는 돈을 거절하면서 이렇게 말했습니다.

"나는 60년 동안 앓아왔는데, 이제 당신이 내게서 이 상급을 빼앗아 가렵니까? 나에게는 아무것도 필요치 않습니다. 하나님은 그동안 내게 필요한 것을 주시고 나를 먹여 살리셨습니다."

일해서 번 돈을 자신에게 필요한 만큼만 떼놓고는 모두 구제를 위해 내어놓는 정원사가 있었습니다.

후에 사탄이 그에게 와서 말했습니다.

"늙거나 병들었을 때 사용할 돈을 조금만 떼어 놓아라."

그는 돈을 조금씩 떼어 놓게 되었는데, 그것이 지갑에 가득차게 되었습니다. 그러자 그는 병들었으며 그의 발 하나가 썩고 있었습니다. 그는 모아 놓은 돈으로 의사에게 치료를 받았으나 발은 낫지 않았습니다. 얼마 후 유능한 의사가 그에게 "당신의 발을 잘라내지 않는다면 당신의 몸 전체가 썩게 될 것이오."라고 말해 주었습니다.

그 이야기를 들은 정원사는 발을 자르기로 결정했습니다. 그날 밤 자신이 잘못을 저질렀다는 것을 깨닫게 된 그는 울면서 자신이 행한 일을 회개했습니다.

"주님, 제가 이전에 사람들에게 선을 베풀던 것을 기억해 주십시오."

그가 이렇게 기도하고 있을 때 천사가 나타나 그에게 말했습니다.

"당신이 돈을 모은 목적은 무엇이오? 돈을 모으면서 어떤 희망을 품고 있었습니까냐?"

그때 비로소 그는 자신의 잘못을 깨달았습니다.

"주님, 제가 죄를 지었습니다. 저를 용서해 주십시오. 다시는 이런 일을 하지 않겠습니다."

그때 천사가 그의 발을 만져주었고 즉시 나았습니다. 새벽이 되자 그는 잠자리에서 일어나 밭으로 일하러 나갔습니다. 그의 발을 수술하기 위해 집으로 온 의사는 그가 집에 없어서 이웃 사람들에게 그가 어디에 갔느냐고 물었습니다.

"아침 일찍 밭으로 나갔습니다."

깜짝 놀란 의사는 그가 일하고 있는 밭으로 가서 땅을 일구고 있는 그의 모습을 보았습니다. 그는 정원사를 치료하신 하나님께 영광돌렸습니다.

◈130◈

한 수사가 사부에게 물었습니다.

"제가 병들 때를 대비하여 약간의 돈을 가지고 있어도 되겠습니까?"

사부가 대답했습니다.

"육신을 위해 필요 이상의 돈을 갖는 것은 좋지 않습니다. 만약 여유 돈을 지니고 있게 되면 당신은 그것들에게 희망을 둘 것이며, 그러면 하나님이 더 이상 돌보시지 않는 불행이 임하게 될 것입니다."

◈131◈

몇몇 이교도들이 구제를 하기 위해서 오스트라키나에 왔습니다. 그들은 도움이 필요한 극빈자들을 알려 줄 수 있는 청지기들을 데리고 거리를 나섰다.

청지기들은 그들을 가한자에게로 데려갔습니다. 그들은 그에게 구제를 하려 했으나 그는 "저는 갈대로 돗자리를 만들어 빵을 살 수 있는 돈을 번답니다"라면서 도움을 거절했습니다.

자기 과시와 야심을 피하라

다음에 청지기들은 아이들과 함께 살고 있는 과부에게로 이교도들을 데리고 가서 문을 두드렸습니다. 헐벗은 소녀가 대답을 했습니다. 그녀의 어머니는 일하러 나가고 없었습니다. 그들은 그녀에게 한 벌의 외투와 약간의 돈을 주려 했으나 그 소녀는 거절했습니다.

"어머니가 오시면 저희가 하나님께 대해서 믿음을 갖도록 '하나님께서 오늘 내게 일감을 주셨으며 우리가 빵을 살 수 있게 하셨다'라고 말씀하실 것입니다."

그녀의 어머니가 왔을 때 방문자들은 그녀에게 자기의 친절을 받아달라고 부탁했습니다. 그러나 그녀는 도움을 거절하는 말을 했습니다.

"저희에게는 저희를 돌보고 계시는 하나님이 계십니다. 당신은 우리에게서 왜 이 은혜를 빼앗아가려고 하십니까?"

이 믿음을 본 그들은 하나님께 영광돌렸습니다.

항상 자신을 경계하라

◈132◈

한 사부가 말했습니다.

"수도사는 낮이나 밤이나 스스로를 성찰하고 자신에게 '나는 하나님이 원하지 않는 일을 하지 않았는가, 하나님이 원하시는 일은 행했는가?' 라고 물으며, 항상 회개하는 마음으로 살아야 합니다. 이것이 수도사의 삶의 목적이며 아르세니우스Arsenius 교부가 살아오신 방식입니다."

◈133◈

한 사부가 말했습니다.

"금이나 은을 잃은 사람은 그것을 되찾을 수 있습니다. 그러나 시간을 잃어버린 사람은 되찾을 수 없습니다."

☞134☜

어느날 사부들 중 한 사람이 다른 사부에게 가서 이야기를 하는 도중에 말했습니다.

"나는 세상에 대해서 죽은 사람입니다."

그러자 듣고 있던 사람이 말했습니다.

"형제여, 당신이 육체를 떠나기 전까지는 자신하지 마십시오. 당신은 죽은 사람이라고 말했지만 사탄은 죽지 않았기 때문입니다."

☞135☜

한 사부가 말했습니다.

"병사나 사냥꾼이 싸우러 나갔을 때는 누가 부상을 당했는지 또는 누가 목숨을 건졌는지에 대해서 관심 갖지 않고 오로지 자신을 위해 싸우는 것처럼, 수도사도 그리해야 합니다."

☞136☜

한 사부가 말했습니다.

"누구도 왕의 가까이에 있는 사람을 해하지 못하는 것처럼, 만약 우리의 영혼이 하나님께 가까이 있으면 사탄은 우리에게 아무것도 행하지 못합니다. 성경 말씀도 '너희는 내게로 돌아오라 그리하면 내가 너희에게로 돌아가리라' 고 말씀하셨습니다. 그런데 우리는 종종 스스로를 높이려고 하기 때문에 우리의 원수는 연약한 영혼을 쉽사리 부끄러운 정욕에로 이끌어간다."

∽137∽

한 사부가 말했습니다.

"아침 일찍 일어나자마자 스스로에게 '육체여, 너는 자신을 부양하기 위해 노동을 해야 하며, 영혼이여, 너는 영적인 유산을 받기 위해서 항상 경계해야 한다' 라고 말해야 합니다."

∽138∽

한 수사가 사부에게 말했습니다.

"제 마음에는 이제 갈등이 없습니다."

그러자 사부가 그에게 말했습니다.

"그러나 당신은 사면이 모두 열려 있는 건축물이라고 할 수 있습니다. 누구이든지 자기가 원하는 때에 네게로 들어오고 나가도 그것을 알지 못합니다. 당신이 문을 갖고 있고, 또 그것을 닫아두면 악한 생각이 들어오지 못합니다. 그렇게 되면 너는 밖에서 너와 싸우고 있는 악한 생각들을 보게 될 것입니다."

139

한 사부에게 관해서 다음과 같은 이야기가 전해 내려 오고 있습니다.
어느날 '오늘은 쉬고 내일 회개하자'는 생각이 들었습니다. 그러나 그는 다음과 같이 말했습니다.
"아니다. 오늘 회개하고 내일은 하나님의 뜻을 행하겠다."

140

한 사부가 말했습니다.
"우리의 속사람이 경계하지 않으면 겉사람을 지킬 수 없습니다."

141

한 사부가 다음과 같이 말하곤 했습니다.
"모든 죄에는 망각, 나태, 정욕 등 세 가지의 사탄의 능력이 선행합니다. 참으로 망각의 시간이 오게 되면, 그것은 나태를 가져오고, 나태함에서 정욕이 나오며, 정욕은 인간을 타락으로 이끕니다. 그러나 만일 영혼이 사탄을 대신해서 싸우게 되면 우리의 영혼은 정욕에 항복하지 않게 되며, 정욕을 품지 않게 된다면 그리스도의 은혜에 의해 영혼은 타락하지 않게 됩니다."

◈142◈

한 사부가 말했습니다.

"침묵을 실천하고 쓸데 없는 근심을 하지 말라. 그리고 명상에 잠기라. 누워 있을 때나 일어났을 때나 하나님을 두려워하라. 그러면 악한 충동을 두려워하지 않게 된다."

◈143◈

한 사부가 수사에게 말했습니다.

"마귀는 적이며, 그대는 집입니다. 적은 그가 발견하는 모든 것을 그대의 집 안에 집어 던지는 일과 그 위에 모든 종류의 불결함을 퍼붓는 일을 멈추지 않으려 합니다. 그대가 해야 할 일은 그것을 다시 밖으로 던지는 일입니다. 만일 그대가 그 일을 하지 않는다면 집은 온갖 쓰레기로 가득 차게 되고, 결국 그대는 더 이상 그것을 제거하지 못하게 됩니다. 그러나 다른 것이 들어오는 대로 조금씩 밖으로 던져 버린다면, 그리스도의 은혜에 의해서 집은 깨끗하게 보존될 것입니다."

⟨144⟩

사부들 중 한 사람이 말했습니다.

"사람들은 황소의 눈을 가리고 그 황소에게 맷돌을 돌리게 합니다. 만일 눈을 가리지 않는다면 황소는 결코 맷돌을 돌리지 못합니다. 마귀도 그와 같이 행동합니다. 만일 그가 사람의 눈을 멀게 하는 일에 성공한다면 그는 그를 약하게 하고, 온갖 종류의 악을 행하게 합니다. 그러나 만일 그의 눈이 빛으로 가득하다면 그는 쉽사리 마귀에게서 도망할 수 있습니다."

⟨145⟩

그들은 교부 안토니의 산에 살고 있었던 일곱 수도사에 관해서 이야기하곤 했습니다.

대추야자를 수확해야 할 시기가 이르면, 그들 중 한 사람은 새들을 쫓는 일을 해야 했습니다. 한 사부가 자기가 새를 쫓는 날이 이르자, 그는 "악한 생각들아, 안에서 나오라. 새들아, 저 밖으로 가버려라"라고 외쳤다고 합니다.

⟨146⟩

켈즈의 한 수사가 자리에 앉아 대추야자 잎을 끈으로 엮고 있을 때, 그의 생각이 속삭였습니다.

'가서 이러이러한 사부를 방문하거라.'

그러나 그는 '며칠 후에 가봐야지' 라고 생각했습니다.

그의 생각이 다시 속삭였습니다.

'만일 그가 죽어 버린다면 어떻게 하지? 그러니까 가서 이야기를 나누기에는 지금이 가장 좋은 때가 아니겠어?'

그는 다시 스스로를 타일렀습니다.

'그러나 지금이 그때는 아니야.'

'네가 갈대를 벤 이 때가 가장 좋은 때라니까?'

'이 대추야자 잎으로 끈을 다 엮은 다음에 가보는 것이 좋겠어.'

그는 다시 혼자 중얼거렸습니다.

'그렇지만 오늘은 날씨가 매우 좋은데.'

그리고 그는 자리에서 일어나서 대추야자 잎을 그대로 놔둔 채 외투를 걸쳐 입고 밖으로 나갔습니다.

그런데 그의 이웃에 사는 사부에게는 투시의 은사가 있었습니다. 그가 나가는 것을 본 그 사람은 그에게 소리쳤다.

"포로된 자여, 포로된 자여, 돌아오라"

그가 오자 사부가 그에게 말했습니다.

"네 수실로 돌아가라."

그는 자신의 갈등에 대해서 그에게 털어 놓고는, 자기 수실로 돌아가서 참회하는 마음으로 주께 엎드렸습니다.

그때 마귀들이 큰 소리로 외쳤습니다.

"오! 수도사여, 네가 나를 이겼구나."

그 때 그가 앉아 있는 돗자리가 뜨거워졌으며, 마귀들은 연기처럼 사라졌습니다.

항상 자신을 경계하라 133

◈147◈

스케테에서 임종하는 사부에 관한 이야기가 있습니다.

수사들이 그의 침대에 둘러 서서 그의 옷을 붙잡고 울고 있었습니다. 그때 사부가 눈을 뜨고는 세 번을 크게 웃었습니다. 수사들이 그에게 여쭈었습니다.

"저희는 울고 있는데 사부께서는 왜 웃고 계십니까?"

"나는 너희 모두가 죽음을 두려워하는 것을 보고 웃었다. 두번째로는 너희들에게는 아직 죽을 준비가 되지 않았기 때문에 웃었다. 세번째로는 내가 안식하러 떠나는 것이기 때문에 웃었다."

그리고 나서 그 사부는 즉시 깊은 잠을 자듯이 죽음을 맞이했습니다.

◈148◈

몇몇 수사들이 다음과 같은 이야기를 들려주었다:

어느 날 우리는 사부들을 방문했습니다. 의례에 따라 기도를 마친 우리가 자리에 앉자 사부들은 우리를 맞아주었습니다. 그들과 이야기를 나눈 후에 떠나겠다고 하면서 우리는 그들에게 기도해 달라고 요청했습니다.

사부들 중 한 사람이 말했습니다.

"무슨 말을 하시오? 지금까지 기도하고 있지 않았습니까?"

"사부님, 우리가 이곳에 왔을 때 기도한 이후에 우리는 지금까지 이야기만 하고 있었습니다."

"형제들이여, 나를 용서하시오. 그렇지만 한 형제가 당신과 함께 앉아서 300개의 기도를 드리고 있었습니다."

그가 이렇게 말한 후에, 그들은 우리를 위해서 기도를 했고, 그 뒤에 우리는 작별을 했습니다.

자비를 베풀고 이웃을 사랑하라

☙149❧

한 사부과 수사가 함께 생활했습니다. 사부는 자비심이 많은 사람이었습니다.

그때 그곳에 기근(饑饉)이 발생했고 사람들이 그에게 자선을 구하기 위해서 찾아왔습니다. 자비심이 많은 사부는 찾아오는 사람마다 음식을 나누어 주었습니다. 이것을 보고 수사가 사부에게 말했습니다.

"내 몫의 빵을 내게 주십시오. 그리고 당신 몫은 당신 마음대로 하십시오."

이 이야기를 들은 사부는 그에게 빵을 나누어 주었으며, 자신의 몫은 계속해서 가난한 사람들에게 주었습니다.

그가 모든 사람에게 빵을 나누어 주고 있다는 소식을 듣고 더욱 많은 살맏르이 그에게로 몰려왔으며, 하나님께서는 그가 모든 사람들에게 빵을 나누어 주는 것을 보시고 이 빵들을 축복하셨습니다.

한편 그 수사는 자기의 빵이 떨어지자 사부에게로 와서 말했습니다.

"이제 제 빵이 얼마 남지 않았으니 이전처럼 다시 공동생활을 합시다."

사부는 그에게 하고 싶은 대로 하라고 허락하고 다시 함께 생활했습니다.

또 다시 기근이 닥쳐왔고, 가난한 사람들을 구제해야 하는 상황이 벌어졌습니다. 어느날 안으로 들어가 본 수사는 그들이 가지고 있는 빵이 얼마 없다는 사실을 알게 되었습니다. 가난한 사람들이 찾아왔을 때, 사부는 수사에게 그들의 빵을 가난한 사람에게 나누어 주라고 했습니다. 그가 사부에게 아뢰었습니다.

"사부님, 그 일은 이제 더 이상 줄 수 없습니다."

이에 사부가 그에게 대답했습니다.

"안으로 들어가서 빵이 있나 없나 보시오."

수사는 안으로 들어가 곡식 창고에 빵이 그득한 것을 발견하고는 기쁨으로 충만해 빵을 가난한 사람들에게 나누어 주었습니다.

이 일을 통해서 수사는 참된 믿음을 갖게 되었고 사부의 덕을 배울 수 있게 되었습니다. 그는 하나님께 영광을 돌렸습니다.

◈150◈

선한 일을 많이 행한 수도사들이 있었습니다. 그들이 행한 선의 열매를 잃게 하려고 악마 하나가 그들을 아주 사소한 일들에 대해서도 쩨쩨하게 행동하게 만들었습니다.

내가 옥시린쿠스에서 많은 사람에게 자선을 행하는 한 사제 가까이에서 살고 있었을 때였습니다. 어느날 한 과부가 그 사제에게 약간의 밀가루를 달라고 청했습니다. 그가 그녀에게 말했습니다.

"통을 하나 가져 오시오. 당신에게 밀을 주겠소."

그녀가 통을 하나 가져왔습니다. 사제는 통을 보면서 말했습니다.

"이 통은 너무 크지 않습니까?"

밀가루를 얻어가는 그녀는 참으로 부끄러웠습니다.

나는 그에게 말했습니다.

"사부님, 당신은 그 밀가루를 그녀에게 파신 것입니까?"

"아니오, 나는 그녀에게 자선을 베푼 것이라오."

"만일 당신이 그것을 그녀에게 자선으로 준 것이라면 왜 트집잡아서 그녀를 부끄럽게 하셨습니까?"

◈151◈

한 수사가 은둔자를 만나러 왔다가 떠나면서 그에게 말했습니다.

"당신의 법대로 살지 못하고 떠나가는 것을 용서하십시오."

은둔자는 다음과 같이 대답했습니다.

"나의 법은 당신을 즐겁게 해주고 평화 속에서 당신을 보내는 것입니다."

╼152╾

한 은둔자가 수도원 가까이에서 살고 있었습니다. 그는 매우 엄격한 생활을 했습니다.

어느날 몇명의 방문자들이 수도원으로 와서 규정된 시간이 아닌 때에 그에게 식사를 억지로 권했습니다. 후에 수사들이 그에게 물었습니다.

"사부님, 당신은 왜 그 일로 인해서 슬퍼하시지 않습니까?"

"나는 내 자신의 의지를 따라 행동하게 되는 경우에만 슬퍼합니다."

╼153╾

시리아에서 사막으로 들어가는 길목에 거주하고 있던 한 사부에 관한 이야기가 있습니다.

그는 사막에서 한 수도사가 나올 때마다 정성을 다해 그에게 친절을 베풀었습니다. 어느날 한 은둔자가 왔습니다. 그가 친절을 베풀려 하자 자신은 금식 중이라고 말하면서 그의 친절을 받아들이려 하지 않았습니다. 슬픔에 가득찬 사부는 그에게 말했습니다.

"제가 간청하오니 당신의 종인 저를 무시하지 마십시오. 저를 경멸하지 마십시오. 그리고 함께 기도드립시다. 여기에 서있는 이 나무를 보십시오. 땅에 무릎을 꿇고 기도드릴 때 이 나무가 고개를 숙이는 사람의 주장을 따릅시다."

그래서 그 은둔자는 기도를 드렸으나 아무런 일도 일어나지 않았습니다. 그 다음에는 친절한 그 사부가 무릎을 꿇었습니다. 그때 나무가 그를 향해 고개를 숙였습니다. 이 일을 목격한 그들은 하나님께 감사 기도를 드렸습니다.

☙154☙

어느 수도사의 형제가 세속에서 매우 가난하게 살고 있었습니다. 그래서 그 수도사는 노동으로 번 모든 것으로 그를 도와 주었습니다. 그러나 그가 도와 줄수록 그의 형제는 더욱더 가난해지기만 했습니다. 그래서 수도사는 한 사부를 찾아가서 그것에 관해서 이야기했습니다. 사부가 대답했습니다.

"당신이 만일 진심으로 나의 충고를 원한다면 그에게 더 이상 아무것도 주지 말고 '형제여, 내가 지금까지 너를 도와 주었지만 이제는 네가 번 것으로 나를 도와다오' 라고 말하시오. 그가 당신에게 무엇인가를 가져다 주면 당신은 여행자나 가난한 사람을 볼 때마다 그것의 얼마를 그들에게 주고 그를 위해서 기도해 줄 것을 요청하시오."

수도사는 돌아가서 그대로 행했습니다. 그의 세속 형제가 찾아왔을 때 그는 사부가 말한 대로 그에게 말했더니 그는 매우 슬퍼하면서 집으로 가버렸습니다.

첫날 그는 밭에 가서 야간의 채소를 뽑아 수도사에게 가져왔습니다. 수도사는 그것들을 사부에게로 가져가서 자기의 형제를 위해서 기도를 요청했으며, 축복을 받은 후에 집으로 돌아왔습니다.

다음에 그의 형제는 약간의 야채와 빵 세 덩어리를 가져왔으며, 수도사는 처음날과 마찬가지로 행했으며, 그는 축복기도를 받은 후에 집으로 돌아갔습니다.

세번째로 왔을 때 그의 세속의 형제는 많은 양식과 약간의 빵과 생선을 가져왔습니다. 이것을 본 수도사는 놀라움에 가득찼으며 가난한 사람들을 초대했습니다. 그때 그는 자기 형제에게 물었습니다.

"너에게는 빵이 필요치 않느냐?"

그의 형제가 대답했습니다.

"아닙니다. 내가 형에게 도움받곤 했을 때 그것은 마치 내 집 안에 들어와서 모든 것을 태워버리는 불 같았습니다. 그러나 이제 제가 형으로부터 아무것도 받지 않자 하나님께서 저를 축복해 주셨습니다."

후에 수도사는 사부를 찾아가서 지금까지 일어났었던 모든 일들을 말씀드렸습니다. 사부가 그에게 말했습니다.

"수도사의 노동은 불 같아서 모든 것을 불태워버린다는 것을 몰랐습니까? 당신의 형제에게는 그가 자기 밭에서 거둔 것으로 다른 사람을 돕는 것, 그리고 그것을 통해서 성인들의 기도를 받고 하나님의 축복을 얻게 되는 것이 더욱 유익한 것입니다."

◈ 155 ◈

테베의 한 수도사는 하나님께로부터 남에게 무엇이든지 주고 싶어하는 은사를 받았습니다. 그는 자기에게 찾아오는 사람에게는 그가 필요한 것은 무엇이든지 주려고 했습니다.

하루는 그가 적선을 하기 위해 마을로 갔는데, 낡은 옷을 입은 한 여자가 무엇인가를 얻기 위해 그에게로 왔습니다. 그녀가 낡은 옷을 입고 있는 것을 본 그는 그녀에게 많은 돈을 주려고 그의 손을 폈으나 손이 곧 다시 접혀졌기 때문에 많이 주지 못했습니다. 그때 좋은 옷을 입은 여자가 그에게로 왔습니다. 그녀의 옷을 본 그 수도사는 그녀에게 약간의 돈만 주려 했으나 그의 손이 활짝 펴지는 바람에 그녀에게 많은 돈을 주게 되었습니다. 그래서 수도사는 그 두 여자에 대해서 사람들에게 알아보았습니다. 사람들이 그에게 말해 주었습니다.

"좋은 옷을 입고 있는 여자는 원래는 상류층 사람이었으나 지금은 가난하게 되었습니다. 그녀는 이러한 기억 때문에 좋은 옷을 입고 있지만, 낡은 옷을 입고 있는 여자는 단지 많이 구걸하기 위해서 일부러 그런 옷을 입고 있습니다."

◈156◈

어느 날 두 명의 수사가 한 사부를 찾아왔습니다. 그 사부에게는 매일 식사를 하지는 않는 습관이 있었습니다. 두 수사를 보았을 때 그는 기뻐하며 말했습니다.

"금식에는 상급이 따릅니다. 그러나 남을 대접하기 위해서 식사를 하는 사람은 두 가지 명령을 지키는 셈이 됩니다. 왜냐하면 그는 자신의 의지를 버리며, 사랑의 계명을 성취하게 되기 때문입니다."

이렇게 말하고 나서 그는 수사들에게 음식을 대접해서 원기를 되찾게 해주었습니다.

157

이집트의 사막에 성인이 살고 있었습니다. 그가 있는 곳에서 멀리 떨어진 곳에 자기들끼리는 사제라고 부르는 한 마니교도가 살고 있었습니다.

어느날 이 이교도가 그의 동료를 방문하기 위해 길을 떠났다가 한밤중에 이 기독교 성인이 사는 곳에 도착했습니다. 그는 그 성인이 자기가 마니교도임을 알고 있기 때문에 자기를 방으로 영접해주지 않을 것이라고 생각했습니다. 그는 그곳에서 하루 밤을 묵게 된 것으로 매우 낙심했습니다. 그러나 다른 방법이 없었으므로 그는 어쩔 수 없이 성인의 집 문을 두드렸습니다. 그런데 성인은 그에게 문을 열어 주었고, 그가 누군지를 알면서도 기쁘게 맞아 주었으며, 그에게 기도하자고 강권했습니다. 그리고 그에게 음식을 대접한 후에 잠자리를 마련해 주었습니다.

그 마니교도는 밤새도록 이 일에 대해서 생각했습니다. 그리고 "이 사람은 어떻게 나에 대해서 전혀 의심하지 않는단 말인가? 참으로 이 사람은 하나님의 사람이다"라고 말했습니다. 그리고 나서 그는 "지금부터 저는 기독교도가 되겠습니다"라고 말했습니다.

그리고 그와 함께 그곳에 머물렀습니다.

순종하라

◈158◈

한 사부가 다음과 같이 말했습니다.

"사람이 누군가를 믿게 되면, 또 완벽한 순종 속에서 스스로를 그에게 내어 맡기게 되면, 그는 하나님의 명령들에 대해서 일일이 신경을 쓰지 않고 자신의 의지 전체를 그의 영적 교부에게 맡길 수 있습니다. 하나님이 초신자에게서 기대하시는 것은 순종을 통한 극기와 자제뿐이므로, 그는 하나님으로부터 책망듣지 않게 됩니다."

◈159◈

추수하러 가려고 쥬비하고 있던 스케테의 한 수사가 사부를 찾아가서 물었습니다.

"추수하러 갈 때 제가 무엇을 해야 할지 말씀해 주십시오."

사부가 말했습니다.

"내가 네게 이야기를 해준다면 너는 내 말을 따르겠느냐?"

"예, 당신의 말씀을 듣겠습니다."

"네가 나를 신뢰한다면 추수를 포기하고 이곳으로 오거라 그러면 네가 무엇을 해야 할지를 말해 주겠다."

그래서 그 수사는 추수를 포기하고 사부에게로 왔습니다. 그러자 사부가 말했습니다.

"네 수실로 들어가서 마른 빵과 소금을 하루 한 번만 먹으면서 50일을 지내고 다시 내게로 오너라. 그러면 내가 네게 할 일을 말해 주겠다."

그 수사는 자기 수실로 가서 그대로 이행했습니다. 사부는 그가 그 일을 다 행한 것을 보고는 그에게 수실에서 어떻게 생활해야 하는지를 알려 주었습니다. 그 수사는 자기 방으로 가서 하나님 앞에 울면서 그는 땅에 엎드렸습니다. 이렇게 행한 후에 그의 생각이 그에게 속삭였습니다.

'당신은 훈련을 받았습니다. 당신은 대단한 사람이 되었습니다.'

그는 '그런데 나의 모든 순종은 어디에 있느냐?'라고 말하면서 자신의 죄악을 떠올렸습니다. 그러나 그의 생각이 그에게 '당신은 많은 죄를 범했습니다'라고 말했습니다. 그러나 그는 '그러나 나는 하나님께 기도드렸습니다. 그리고 나는 하나님께서 내게 자비를 베푸실 것이라고 믿습니다'라고 대답했습니다.

그가 악한 생각을 극복하자 악한 영들이 그에게 나타나 "우리는 너 때문에 고통스럽다"라고 말했습니다. 그가 그 이유를 그들에게 물었더니, 그들은 "우리가 너를 칭찬하면 너는 겸손해지고, 우리가 너를 낮추면 그때 너는 스스로를 일으켜 세운다"라고 대답했습니다.

~160~

어떤 사부에게는 마을에 살고 있는 한 심부름꾼이 있었습니다. 그 사부에게 필요한 것을 갖고 오는 심부름꾼이 도착예정일보다 기일이 늦어져서, 사부가 수실에서 작업하는 데 필요한 재료까지 떨어지는 일이 발생했습니다. 일거리나 먹을거리가 다 떨어졌으므로, 사부는 그의 제자에게 말했습니다.

"마을에 갔다 오지 않겠느냐?"

"당신의 뜻대로 하겠습니다."

제자는 사실 유혹 때문에 마을에 가는 것이 두려웠지만, 스승에게 불순종하지 않기 위해서 마을에 가기로 했습니다. 사부가 그에게 말했습니다.

"가거라. 나의 아버지 하나님께서 너를 모든 유혹으로부터 너를 보호하실 것을 믿는다."

그리고 기도를 해주고는 그를 보냈다. 마을에 도착한 제자는 스승의 심부름꾼이 어디에 살고 있는지를 물어, 그의 집을 찾아갔습니다.

그가 심부름꾼의 집의 문을 두드렸을 때 심부름꾼의 가족들은 모두 마을 밖의 묘지로 일하러 가고 그의 딸만 있었습니다. 그녀는 문을 열어주었으며, 제자는 그녀의 아버지에 관해서 물어보았습니다. 그녀는 그를 안으로 초대하고 끌어들이려 했으나 그는 거부했습니다. 그녀는 한동안 계속해서 고집을 부렸습니다.

드디어 그녀가 그를 집안으로 끌어들였을 때 그 자신도 음란함에 이끌리고 있으며 성욕에 농의하고자 하는 것을 느꼈습니다. 그는 탄식하며 외쳤습니다.

"주님, 나의 스승의 기도를 들으시고 이 시간 나를 구하여 주소서."

이렇게 기도하는 순간 그는 자신이 수도원으로 가는 강가에 서 있음을 발견했으며, 아무런 해도 입지 않고 스승에게로 돌아갔습니다.

∽161∽

형제가 함께 수도원에서 살고 있었습니다. 한 사람은 금욕적인 사람이었고, 다른 한 사람은 매우 순종적인 사람이었습니다. 교부가 그에게 이것 혹은 저것을 명령하면, 즉 아침에 식사를 하라고 하면 그는 아무 소리없이 먹었습니다. 그는 순종 때문에 매우 존경을 받는 사람이었습니다. 금욕적인 그의 형제는 이것 때문에 질투를 느껴 혼잣말을 했습니다.

"그가 참으로 순종하는지 시험해 봐야겠다."

그래서 그는 교부에게로 가서 말했습니다.

"나와 내 형제를 함께 보내시어 우리가 이러저러한 곳을 가게 허락해 주십시오."

허락을 받은 그 금욕적인 사람은 자기 형제를 시험하기 위해서 그를 데려갔습니다. 그들은 강가에 도달했습니다. 거기에는 많은 악어들이 있었습니다. 그가 말했습니다.

"강으로 들어가서 그곳을 건너라."

순종하는 그의 형제는 강 속으로 들어갔습니다. 악어들이 그의 몸을 핥았지만 그를 해하지는 않았습니다. 이것을 본 금욕자는 "강에서 올라와라"라고 말했습니다.

길을 가고 있을 때 그들은 길가에서 시체를 발견했습니다. 금욕적인 사람이 말했습니다.

"우리에게 낡은 옷이 있다면 그것을 그에게 덮어줄 수 있을 텐데."

그러나 순종하는 사람이 대꾸했습니다.

"차라리 그가 다시 생명을 얻을 수 있도록 기도를 드리자."

그리하여 그들은 기도하기 시작했습니다. 기도하는 동안 죽은 사람은 다시 살아나게 되었습니다. 금욕적인 사람은 교만하게 말했습니다.

"죽은 자가 다시 살아난 것은 나의 금욕 때문이다."

그러나 하나님은 금욕적인 사람이 악어를 통해서 자기 형제를 시험한 것, 그리고 어떻게 죽은 자가 살아나게 됐는지를 그들의 교부에게 계시해 주셨습니다. 그들이 수도원으로 돌아왔을 때 교부는 금욕적인 사람에게 말했습니다.

"너는 네 형제에게 어떻게 행했느냐? 죽은 사람이 살아난 것은 네 형제의 순종 때문이었다."

162

세속에 살던 한 수사에게 세 아들이 있었습니다. 그는 아들들을 도시에 버려두고 수도원으로 들어갔습니다. 수도원에서 3년을 보낸 후에 그는 아들들을 생각하며 걱정하기 시작했습니다. 그는 교부에게 세 아들이 있다는 이야기를 하지 않았었습니다.

그가 근심하고 있는 것을 본 그 교부는 그에게 물었습니다.

"무슨 문제가 있느냐? 왜 너는 근심하고 있느냐?"

그는 교부에게 도시에 세 아들이 있으며, 그 아이들을 수도원으로 데

려오기를 원한다고 말했습니다. 교부는 그렇게 하라고 허락했습니다.

도시에 간 그는 두 아들이 죽었다는 것을 알게 되었으며, 막내 아들만 데리고 수도원으로 돌아왔습니다. 돌아온 그는 교부를 찾아 다니다가 빵 굽는 곳에서 그를 발견했습니다. 교부는 그에게 인사하고서는 그 아이를 팔에 앉고 입맞추면서 아이의 아버지에게 말했습니다.

"그대는 이 아이를 사랑하느냐?"

그 사람이 그렇다고 말했습니다.

교부는 다시 물었습니다.

"너는 그를 매우 사랑하느냐?"

"예, 그렇습니다."

그의 대답을 듣고서 교부가 말했습니다.

"아이를 취하여 그를 불구덩이 속으로 집어 던지라."

아이의 아버지는 아이를 취하여 불구덩이 속으로 집어던졌으며, 이글 이글 타는 그 불구덩이는 즉시 아이를 이슬처럼 사라지게 만들었습니다. 이 일을 행함으로써 그는 아브라함처럼 그 믿음을 칭송받았습니다.

163

한 사부가 말했습니다.

"영적 교부에게 순종하는 사람은 사막으로 나아간 사람보다 더 큰 유익을 받습니다."

◈164◈

한 사부가 말했습니다.

"우리가 진보하지 못하는 이유는 우리 자신의 수준을 알지 못하기 때문이며, 우리가 시작한 일을 지속하지 못하기 때문이며, 노력 없이 덕을 얻으려 하기 때문입니다."

겸손하라

☞165☜

마귀에게 사로잡힌 사람이 입에 거품을 물고서 한 은수사(隱修士)의 뺨을 때렸습니다. 그런데 그 은수사는 그에게 다른 쪽 뺨을 내밀었습니다. 그의 지극한 겸손함을 감당할 수 없게 된 마귀는 그에게서 즉시 나가 버렸습니다.

☞166☜

한 사부가 말했습니다.

"교만이나 허영심이 당신에게 들어올 때마다 당신은 자신이 모든 계명들을 지켰는지, 당신의 내적들을 사랑했으니 그들의 죄악들로 인해서 슬퍼했는지, 자신을 무익한 종이며 모든 사람들 중의 가장 큰 죄인이라고 생각하고 있는지를 점검해 보십시오. 그렇게 했다고 하더라도 당신은 자신이 완벽한 사람이라고 생각하지 마십시오. 왜냐하면 이런 생각은 모든 것을 파괴해 버리기 때문입니다."

∽167∽

한 사부가 말했습니다.

"자신에게 과분한 영광과 칭찬을 받는 사람은 그것으로 인해서 해를 당하게 됩니다. 그러나 사람들로부터 영광을 받지 않는 사람은 하나님 나라에서는 영광을 받게 됩니다."

∽168∽

한 수사가 사부에게 물었습니다.

"자주 부복하는 것이 유익한 것입니까?"

사부는 대답했습니다.

"우리는 눈의 아들 여호수아가 엎드릴 때 하나님께서 그에게 나타나신 것을 알고 있습니다"(수 5:14).

∽169∽

사부에게 누군가가 물었습니다.

"왜 우리는 마귀들에게 이렇게 공격을 당합니까?"

사부가 그에게 대답했습니다.

"우리가 칭찬을 무시하는 태도, 겸손, 가난, 그리고 인내 등의 무기를 던져버리기 때문입니다."

◦170◦

한 수사가 사부에게 말했습니다.

"사부시여, 만약 한 형제가 나에게 당치 않은 일들에 관해서 말한다면, 저는 그에게 그렇게 행하지 말라고 말해야 합니까?"

사부는 그렇게 하지 말라고 말했습니다. 그래서 그 수사는 이유를 물었습니다. 사부가 말했습니다.

"왜냐하면 우리가 그렇게 할 수 없기 때문이며, 그리고 이웃에게 그렇게 하지 말라고 말한 후에 우리는 자신이 그 일을 행했음을 알게 되기 때문입니다."

"그러면 우리는 어떻게 해야 합니까?"

"침묵하는 것이 우리 이웃을 위해서 할 수 있는 최선입니다."

◦171◦

한 사부에게 누군가가 물었습니다.

"겸손이란 무엇입니까?"

"그것은 이웃이 당신에게 범죄했을 때, 그가 용서를 빌기 전에 먼저 그를 용서하는 것입니다."

～172～

한 사부가 말했습니다.

"시험을 당할 때 너는 다른 사람을 비난하지 말고 다만 자신에게 '이것은 내 죄 때문에 생긴 것입니다' 라고 말하십시오."

～173～

한 수사가 사부에게 물었습니다.

"겸손이란 무엇입니까?"

"당신에게 악을 행한 자에게 선을 행하는 것입니다."

"그런데 만약 이런 상태에 이르지 못했다면 어떻게 해야 합니까?"

"가서 침묵하십시오."

～174～

한 수사가 사부에게 물었습니다.

"유랑하는 사람의 자세는 어떤 것이어야 합니까?"

사부가 대답했습니다.

"나는 유랑생활을 하고 있는 수사가 교회로 들어갔었던 일에 관해서 알고 있습니다. 우연히도 때 마침 그 교회에서는 애찬(愛餐)이 벌어졌습니다. 때문에 그는 형제들과 함께 그것을 먹기 위해서 자리에 앉았는데 그들 중 어떤 사람이 말했습니다.

'누가 이 사람을 초대했느냐?'

그러자 그들은 유랑하는 사람에게 말했습니다.

'일어나서 이곳을 떠나시오.'

그는 일어나 길을 떠났습니다. 그런데 그들 중 한 사람은 그 일로 인해 슬퍼하면서 그를 불러오기 위해 나갔습니다. 후에 그들이 그 유랑하는 사람에게 물었습니다.

'내쫓김을 당하였다가 다시 돌아오게 되었을 때 당신의 마음 상태는 어떻했습니까?'

그가 대답했습니다.

'저는 마음 속으로 제가 개와 같다고 생각하고 있습니다. 개는 내쫓기면 가고 부르면 다시 옵니다.'"

∽175∽

어느날 몇 사람이 마귀들린 사람을 치유받게 하기 위해서 테베에 살고 있는 한 사부를 방문했습니다. 그들이 그를 고쳐달라고 간청했으므로, 사부는 마귀에게 말했습니다.

"하나님의 피조물에서서 나가라."

그러자 마귀가 그에게 대답했습니다.

"내가 나가겠지만 한 가지 질문을 하겠으니 대답해 주시오. 누가 염소들이며 누가 양들이오?"

사부가 대답했습니다.

"나는 염소다. 누가 양인지는 하나님만이 아신다."

이 말을 들은 마귀는 "당신의 겸손 때문에 나는 이 사람에게서 나간다"라고 큰 소리로 부르짖으면서 그 사람에게서 떠나갔습니다.

～176～

테오도시우스 황제 시대에 한 이집트 수도사가 콘스탄티노플의 교외에 살고 있었습니다. 그 길을 지나가던 황제는 수행원을 버려두고 홀로 수도사의 방문을 두드렸습니다. 수도사가 문을 열었으며, 이 방문객이 누구인지를 알았습니다. 그러나 그를 그저 한 사람의 관리를 맞아들이듯 대했습니다. 그가 들어온 후에 그들은 함께 기도하고 자리에 앉았습니다.

황제는 그에게 물었습니다.

"이집트의 교부들은 어떻게 지내십니까?"

그 수도사는 대답했습니다.

"그들은 당신의 구원을 위해 기도하고 있습니다. 그리고나서 그에게 "좀 드시지요"라고 말했습니다. 사부는 빵에 기름과 소금을 발라 먹었습니다. 사부가 황제에게 물을 주었으므로 황제는 그것을 마셨습니다. 그리고 난 후에 황제가 물었습니다.

"당신은 내가 누구인지 아십니까?"

"하나님은 당신이 누구신지 아시지요."

"나는 황제 테오도시우스요."

그 말을 듣고서 사부는 즉시 땅에 엎드렸습니다. 황제는 그에게 물었습니다.

"삶에 대한 염려가 없으니 당신은 행복하군요. 나는 궁정에서 태어났으나 오늘 이곳에서 먹은 것같이 빵과 물을 맛있게 먹어본 적이 없었습니다. 매우 잘 먹었습니다"

그 일이 있은 후로 황제는 사부를 영화롭게 살게 했으나, 그는 다시 이 집트로 도망가버렸습니다.

177

한 사부가 말했습니다.

"갈등이 없을 때 우리는 더욱 더 자신을 겸손하게 해야 합니다. 그래야 우리의 약함을 보고 계시는 하나님께서 우리를 보호하실 것입니다. 우리가 자신을 영화롭게 하면, 하나님은 보호하심을 거두어 가시고 우리는 멸망당하게 됩니다."

178

마귀가 빛의 천사의 모습으로 가장하여 한 수사에게 나타나서 말했습니다.

"나는 가브리엘입니다. 나는 당신에게 보냄을 받았습니다."

그 수사가 말했습니다.

"당신이 다른 사람에게 보냄을 받은 것은 아닌지 살펴보십시오. 나는 천사의 방문을 받을 자격이 없습니다."

그러자 마귀는 즉시 사라졌습니다.

◈179◈

한 사부가 말했습니다.

"만일 천사가 참으로 당신에게 나타난다면, 그를 영접하지 말고 다만 자신을 낮추어 '저는 죄인이므로 천사를 만날 자격이 없습니다'라고 말하십시오."

◈180◈

한 사부가 수실에서 정진하는 중에 마귀들을 보고서 그들을 조롱한 이야기가 있습니다. 한 마귀는 자신이 졌다는 사실을 알고 자신의 모습을 나타내면서 말했습니다.

"사실 나는 그리스도이다."

사부는 그를 보고서 눈을 감아 버렸습니다. 마귀가 그에게 "왜 눈을 감느냐? 나는 그리스도이다"라고 말했습니다.

사부가 그에게 대답했습니다.

"나는 이 세상에서 그리스도를 만나 뵙기를 원하지 않습니다."

이 말을 듣고서 마귀는 사라졌습니다.

◈181◈

마귀들이 또 다른 사부에게 말했습니다.

"너는 그리스도를 보기 원하느냐?"

사부는 그들에게 대답했습니다.

"당신과 당신이 말하는 것에게 저주가 임하길! 진실로 나는 그리스도께서 '어떤 사람이 네게 그리스도가 여기 있다 또는 저기 있다 하여도 그를 믿지 말라'고 말씀하신 것을 믿습니다."

그러자 그들은 즉시 사라졌습니다.

◦182◦

70년 동안 일주일에 한 번씩만 식사를 하며 산 사부가 있었습니다.

그는 하나님께 어떤 성경 말씀에 관한 해석을 요청했으나 하나님은 그에게 그것을 계시하지 않으셨습니다. 그는 스스로에게 말했습니다.

"이렇게 많은 고행을 했음에도 아무것도 얻지 못했구나. 그러니 부끄러움을 무릅쓰고서라도 내 형제를 찾아가서 그에게 물어봐야겠다."

그가 문을 닫고 나가려 할 때 주의 천사가 찾아와 그에게 말했습니다.

"당신이 70년 동안 금식한 것은 당신을 하나님께로 가까이 가게 해주지 못했습니다. 그러나 당신이 자신을 낮춰 형제에게로 가려고 했기 때문에 나는 당신에게 그 성경 말씀을 깨닫게 해주라는 지시를 받고 왔습니다."

그리고 천사는 그 말씀의 의미를 충분히 깨닫게 해준 후 그에게서 떠났습니다.

☞183☜

한 사부가 말했습니다.

"만일 누군가가 하나님을 경외하며 겸손하게 누군가에게 명령을 내린다면, 하나님을 위해서 행해지는 그 명령은 사람으로 하여금 순종하게 하고 그것을 완전히 이루게 합니다. 그러나 만일 하나님께 대한 경외심이 아니라 자기 자신의 지배력 아래 두고자 하는 마음에서 누군가에게 명령한다면, 사람의 마음의 비밀을 아시는 하나님께서 그 형제로 하여금 순종하지 않고 이루지 않게 하십니다. 하나님을 위한 일과 사람의 지배력에서 행해지는 명령은 분명하게 구별이 되는 법입니다. 하나님의 일은 겸손함 속에서 명령되며 사람을 즐겁게 하지만, 사람의 지배 욕구에서 나오는 명령은 악에서부터 나오는 것이므로 소란함과 고통을 야기시킵니다."

☞184☜

한 사부가 말했습니다.

"나는 교만함으로 얻은 승리보다는 겸손함으로 인한 패배를 더 좋아합니다."

☞185☜

한 사부가 말했습니다.

"항상 당신 옆에 대기하고 있는 사람을 업신여기지 마십시오. 왜냐하면 하나님의 영이 당신 안에 있는지 그 사람 안에 있는지 알 수 없기 때문입니다. 항상 옆에 서 있는 자란 당신을 섬기는 종을 가리킨 것입니다."

○186○

한 수사가 사부에게 물었습니다.

"저는 몇몇 수사들과 함께 살고 있습니다. 그들이 옳지 않은 일을 행할 때, 제가 그들에게 그 일을 지적하기를 원하십니까?"

"만일 그곳에 당신보다 나이가 많은 사람이 있거나, 또는 동년배가 있을 경우에는 침묵하십시오. 그러면 당신은 평화를 누리게 될 것입니다. 그렇게 행함으로써 당신은 스스로를 다른 사람보다 열등한 자로 만드는 것이며, 그렇게 함으로써 삶에 대한 염려에서 자유롭게 될 것입니다."

그 수사가 다시 사부에게 물었습니다.

"사부님, 그 생각이 나를 괴롭히고 있으니 어떻게 하면 좋겠습니까?"

"만일 당신이 그토록 고통스럽다면 겸손한 자세로 딱 한번만 형제들에게 그것을 지적해 주십시오. 그래도 그들이 말을 듣지 않거든 당신의 고통을 하나님 앞에 내려 놓으십시오. 그러면 그분이 평화를 주실 것입니다. 이것이 하나님 앞에 자신을 던지는 것이고 우리 자신의 의지를 포기하는 것이 됩니다. 당신의 열망이 하나님을 따르는 것이 되도록 주의하십시오. 당신의 경우에 있어서 침묵하는 것이 좋습니다. 그것이 바로 당신이 겸손하게 행하는 것이 되기 때문입니다."

◦187◦

한 수사가 다른 수사 때문에 화가 났습니다. 그 사실을 알게 된 수사가 사과를 하러 갔지만, 화가 난 그는 문을 열어 주지 않았습니다. 그래서 그 사람은 한 사부를 찾아가서 그 문제에 관해서 상의했습니다. 사부가 다음과 같이 말했습니다.

"당신의 마음 안에 형제를 비난하고자 하는 것과 그가 잘못을 행했다고 생각하고 있는 것은 아닌지 살펴보라. 당신은 자신을 정당화하고 싶어합니다. 그것이 그가 문을 열어 주지 않으려는 마음의 동기가 되고 있는 것입니다. 비록 그가 당신에게 죄를 지었다고 하더라도 마음 속으로 그에 대하여 죄를 지은 것은 당신 자신이고 그는 무조건 옳다고 생각하십시오. 그러면 하나님께서 화해시켜 주실 것입니다."

그 수사는 사부의 말대로 행하기로 마음 먹었습니다. 그래서 그는 화가 난 수사의 방으로 가서 문을 두드렸습니다. 그런데 안에서 먼저 그에게 용서를 구하는 소리가 들려왔습니다. 그는 문을 열고 안으로 들어갔으며 진심으로 그를 포옹하였습니다.

그 후부터 그들 사이에는 깊은 평화가 있게 되었습니다.

◦188◦

한 사부가 말했습니다.

"당신은 모든 사람들로부터 벗어나거나, 아니면 모든 일을 행함에 있어서, 자신을 바보로 만듦으로써 세상과 사람들로부터 비웃음을 받아야 합니다."

∽189∽

한 사부가 말했습니다.

"만일 당신이 누군가에게 자신을 낮추면서 '저를 용서해 주십시오' 라고 말한다면, 당신은 마귀를 불태워 버리게 되는 것입니다."

∽190∽

한 사부가 말했습니다.

"만일 당신이 침묵할 수 있게 되었다고 하더라도 당신은 스스로 어떤 덕을 행할 수 있는 단계에 이르렀다고 말하지 마십시오. 다만 '나는 말할 자격이 없다' 라고 말하십시오."

∽191∽

한 사부가 말했습니다.

"만일 빵 굽는 사람이 맷돌을 돌리는 짐승의 눈을 가리개로 가리지 않으면, 그 짐승은 맷돌을 돌리지 않고 곡식을 먹어 치우게 될 것입니다. 우리도 마찬가지입니다. 신의 섭리에 의해 우리는 우리가 행한 선을 바라보지 못하게 하는 가리개를 받았습니다. 만일 우리가 스스로 행한 선을 바라보게 되면, 우리는 스스로를 영화롭게 생각하게 되고 그럼으로써 상급을 잃게 되기 때문입니다. 이러한 이유로 인해서 우리는 송송 악한 생각에서 떠나게 되고 스스로를 책망하고 있는 자신을 보게 된다. 악한 생각들은 우리가 행한 약간의 선으로부터 우리를 가리게 만듭니다. 진실로 매 시간마다 자신을 책망하는 사람은 자신의 상급을 잃지 않게 됩니다."

○192○

누군가가 사부에게 물었습니다.
"겸손이란 무엇입니까?"
"그것은 위대하고 신적인 일입니다. 육체 노동을 하며, 스스로를 죄인이라고 간주하며, 스스로를 모든 사람보다 낮은 자라고 생각하는 것을 통해서 우리는 겸손의 길을 걸을 수 있습니다."
그가 다시 물었습니다.
"스스로를 모든 사람보다 낮춘다는 것은 무슨 의미입니까?"
"그것은 다른 사람의 죄에 관심을 갖지 않고 끊임없이 하나님께 기도하면서 항상 자신의 죄에 관심을 갖는 것입니다."

○193○

한 수사가 사부에게 물었습니다.
"제가 지키며 살 수 있는 일을 한 가지만 말씀해 주십시오."
그래서 사부는 다음과 같이 말했습니다.
"만일 당신이 모욕을 참아낼 수 있다면 어떤 덕보다 큰 일을 이룬 것이 됩니다."

◈194◈

한 사부가 말했습니다.

"겸손하며 모욕을 참으며 처벌을 감내하는 사람은 구원받을 수 있습니다."

◈195◈

한 사부가 말했습니다.

"수도원장과 너무 친하게 지내지 말고, 그를 너무 자주 찾아가지 마십시오. 그와 너무 친하게 지내다 보면 말을 함부로 하게 되고, 결국 당신이 그보다 높은 자가 되기를 원하게 될 것이기 때문입니다."

◈196◈

죄를 범하고 그로 인해서 슬피 울고 있는 사람을 본 한 성인이 말했습니다.

"오늘은 그 사람이 울고 있지만, 내일은 내가 울게 될지도 모릅니다. 참으로 만일 누군가가 당신에게 죄를 범하거든 그를 심판하지 말며, 스스로를 그보다 더 악한 죄인이라고 여기십시오."

◈197◈

한 수도원에 형제들이 지은 모든 죄까지도 스스로의 탓으로 돌리는 수사가 있었습니다. 그는 심지어 음란죄까지도 자신의 죄로 돌리고 고백하는 기도를 했습니다. 그가 실제로 무엇을 하고 있는지 모르는 몇몇 수사들은 그에 대해 "이 사람은 그토록 많은 죄를 짓고 일은 전혀 안 하는군"이라며 흉을 보았습니다.

그러나 그가 실제로 어떤 사람인지를 알고 있는 그의 영적 교부는 사람들에게 이렇게 말했습니다.

"나는 당신들이 교만으로 짠 모든 돗자리보다 차라리 그가 겸손으로 짠 한 장의 돗자리를 갖겠소. 당신들은 이 일에 대하여 하나님께로부터 나오는 증거를 보기 원하시오?"

그리고는 형제들이 짠 모든 돗자리와 그 수사가 짠 한 장의 돗자리를 가져오게 해서는 불을 지피고 그것들을 모두 그 속에 던졌습니다. 그 수사의 것을 제외하고는 모든 돗자리가 다 타버렸습니다. 이것을 본 모든 수사들은 두려움에 사로잡혀 그의 앞에 엎드렸습니다. 이후로 그들은 그를 교부의 한 사람으로 대하게 되었습니다.

◈198◈

한 수도사가 누군가로부터 맞았습니다. 그는 매를 그대로 맞으면서 자신을 때린 사람에게 절했습니다.

199

한 사부가 말했습니다.

"하나님이 당신에게 양심의 가책과 겸손을 주시도록 기도하시오. 당신의 죄에 대해서 끊임없이 관심을 갖고, 다른 사람을 심판하지 말고 오직 자신을 다른 사람보다 낮게 여기시오. 여인과 소년과 이단자와 친하게 지내지 마시오. 지나치게 많은 말을 하지 마시오. 당신의 혀와 배를 통제하고 포도주를 입에 대지 마시오. 만일 누군가가 무엇인가를 말하면 그와 논쟁하지 말고 다만 '예'라고 대답하고, 만일 그가 나쁜 일에 관해서 말하면 다만 그에게 '당신이 말씀하고 있는 것을 당신은 아십니다'라고 말하고, 그가 말한 것에 관해서 그와 논쟁하지 마시오. 이것이 겸손입니다."

200

한 사부가 말했습니다.

"마음 속으로 당신의 형제에 대하여 자신이 더 부지런하며 그보다 더 많은 고행을 했다고 말하지 마십시오. 다만 그리스도의 은혜에 의해서 가난과 진정한 자비의 정신으로 복종하십시오. 그렇지 않으면 허영심으로 말미암아 당신의 노고를 상실하게 될 것입니다. 진실로 성경도 '선 줄로 생각하는 자는 넘어질까 조심하라'(고전 10:12)고 말합니다."

◈201◈

누군가가 사부에게 물었습니다.

"'우리는 천사를 본다' 라고 말하는 것에 대해서 어떻게 생각하십니까?"

사부가 대답했습니다.

"항상 자신의 죄를 보는 사람이 복됩니다."

◈202◈

무더운 날씨에 한 사부가 요단 강가에 있는 자신의 동굴로 들어갔습니다. 그런데 그의 동굴 속에서 그는 이빨을 드러내놓고는 으르렁대고 있는 사자 한 마리를 발견했습니다. 그 사부는 사자에게 말했습니다.

"왜 울부짖고 있느냐? 이곳은 너와 내가 있기에 충분치 않느냐? 만일 함께 있고 싶지 않다면 네가 나가거라."

사자는 그곳을 나가 버렸습니다.

◈203◈

한 수사가 사부에게 물었습니다.

"저를 비방하는 사람에게 참고 절했을 때에도 저에 대한 그의 생각이 변하지 않는 것은 무슨 까닭입니까?"

"당신이 인내하면서도 실제로는 '잘못을 범한 사람은 그 사람입니다'

라고 말하면서 마음 속으로 자신을 정당화시키고 있지는 않은지, 그리고 단순히 주의 계명에 복종하기 위해서 그의 용서를 구한 것이 아니었는지 솔직히 말해 보십시오."

그 수사는 대답했습니다.

"예, 그렇습니다."

그러자 사부가 그에게 말했습니다.

"이것이 하나님이 그를 움직여 당신과 화해하지 못하게 하신 이유입니다. 당신은 스스로 그에게 잘못을 범했다는 확신이 없이 참회하면서, 실제로는 그가 당신에게 잘못을 범했다고 생각하고 있습니다. 이제 비록 그가 당신에게 잘못을 했다고 하더라도, 당신은 마음 속으로 잘못을 범한 것은 바로 자신이라고 확신하며 그를 옹호해야 합니다. 그러면 하나님께서 그를 설득해서 당신과 화해케 하실 것입니다."

그리고 사부는 그에게 다음과 같은 이야기를 해주었습니다.

경건한 평신도 몇 사람이 함께 수도사가 되었습니다. 성경이 말씀하는 바가 무엇인지를 정확히 알지 못한 채 무조건적인 열정에 사로잡힌 그들은 하나님 나라를 위해서 자신의 몸의 지체를 거세해버렸습니다. 그 이야기를 들은 대주교는 그들을 내쫓아버렸습니다. 그러나 자신들의 행위가 옳다고 생각하고 있는 그들은 대주교에게 반항하면서 다음과 같이 말했습니다.

"우리는 하나님 나라를 위해서 거세했소. 그런데 그는 우리를 내쫓았으니 예루살렘의 대주교를 찾아갑시다."

그들은 예루살렘의 대주교에게도 가서 모든 일을 말했습니다. 대주교가 그들에게 말했습니다.

"당신들도 내쫓겠소."

이 일로 인해서 슬픔에 잠긴 그들은 안디옥의 대주교를 찾아가서 이 일에 관해서 이야기했습니다. 그러나 그 역시 그들을 멀리 보내 버렸습니다. 그들은 서로 말했습니다.

"로마로 가서 교황을 만나봅시다. 그분은 여러 사람 앞에서 우리를 옳다고 인정해 주실 것입니다."

그래서 그들은 로마 교황에게로 가서 대주교들이 그들에게 행한 일을 모두 고하면서 말했습니다.

"당신이 그들의 지도자이기 때문에 당신을 찾아왔습니다."

그러나 로마 교황 역시 이렇게 말했습니다.

"나 또한 너희를 추방하겠소. 당신들은 파문되었소."

자신이 옳다고 생각하고 있는 그들은 서로 이렇게 말하였습니다.

"그들은 공의회 때 함께 만났기 때문에 모두 똑같이 말하는 것입니다. 이제는 하나님의 성인인 키프러스의 주교 에피파니우스에게로 갑시다. 그는 예언자이며 사람을 차별하지 않는 사람입니다."

그들이 그 도시에 가까이 갔을 때, 이미 그들에 관한 계시를 받았던 에피파이우스는 그들에게 사람을 보내서 그 도시에 들어오지 말라고 전했습니다. 그제서야 정신을 차린 그들은 서로 이야기를 나누었습니다.

"참으로 우리가 죄인입니다. 우리를 내쫓은 다른 사람들이 다 옳지 못하다고 하더라도, 이 예언자 역시 옳지 못한 사람일 리 없습니다. 이것은 하나님이 그에게 우리에 관해서 어떤 계시를 보여 주었기 때문일 것입니다."

그리하여 그들은 자신들이 행한 죄 때문에 하나님 앞에서 자신들을 비난했습니다. 그들이 진심으로 뉘우치는 것을 보신 하나님께서 키프러스의 주교 에피파니우스에게 감화를 주셨습니다. 에피파니우스는 사람들을 보내 그들을 불러 그들을 공동체에 받아들였으며, 알렉산드리아의 대주교에게 "이들이 진심으로 회개했으니 당신의 자녀들을 받아들이십시오"라고 편지를 쓰게 하셨습니다.

이 말을 마친 후에 사부는 "자신의 죄를 하나님 앞에 맡기는 것, 이것이 사람을 치유하는 것이며 하나님이 찾으시는 일입니다"라고 말했습니다.

오래 참으라

❦204❦

고된 일을 즐겨 하는 한 수도사가 들것으로 죽은 사람을 운반하고 있는 사람을 보고 말했습니다.

"당신은 왜 죽은 사람을 운반하고 있습니까? 가서 산 사람을 운반하십시오."

❦205❦

어느 수도사는 자신을 멸시하거나 화를 돋구어 주는 사람을 쫓아다니면서 이렇게 말했습니다.

"열심 있는 사람들을 칭찬히는 것은 그들의 영혼을 속이고 괴롭게 하는 것이지만, 화를 돋우어 주는 것은 그런 사람들의 영적 진보의 원인이 된다. 진실로 성경도 '너희를 복되다고 하는 자는 너희를 미혹하는 자'

라고 말씀하고 있습니다."

~206~

몇 명의 도둑이 한 사부의 수실에 들어와서 말했습니다.
"네 방에 있는 것은 모두 가져 가겠다."
사부는 그들에게 이렇게 말했습니다.
"나의 자녀들아, 너희에게 필요한 것은 무엇이든지 가져가라."
그들은 그 수실에 있는 것을 몽땅 들고 가버렸습니다. 그런데 그들은 그곳에 매달려 있는 지갑은 가지고 가지 않았습니다. 사부는 그것을 집어들고 그들을 쫓아가면서 큰 소리로 외쳤다.
"너희가 내 수실에 빠뜨리고 간 이 지갑을 가져 가라."
사부의 오래 참음에 놀란 그들은 "참으로 이 사람은 하나님의 사람입니다"라고 말하면서 모든 것을 다시 사부의 수실로 가져왔으며, 그에게 참회했습니다.

~207~

몇 사람의 수사가 사막에 살고 있는 거룩한 사부를 찾아 왔습니다. 그들은 그가 머물고 있는 곳 주위에서 아이들이 짐승들에게 꿀을 먹이면서 외설스러운 말들을 지껄이고 있는 것을 보았습니다. 그들은 자신들의 생각을 사부에게 밝히고 그의 지혜로 도움을 얻은 후에 말했습니다.
"사부님, 당신은 어떻게 아이들의 저런 시끄러운 소리를 참고 계십니까? 왜 그들에게 저런 말을 지껄이지 말라고 말씀하지 않습니까?"

사부가 그들에게 말했습니다.

"형제들이여, 나도 그들에게 그러한 명령을 내리고 싶은 날이 있습니다. 그러나 나는 '내가 이처럼 조그만 일도 참고 견디지 못한다면, 더 큰 시험이 임할 때에는 어떻게 견딜 것이냐?'라고 말하면서 스스로를 비난합니다. 무슨 일이 내게 임하건 그것을 감당하기 위해서 나는 그들에게 아무말도 하지 않는 것입니다."

~208~

한 위대한 사부의 이웃에 살면서 종종 그의 수실로 가서 그의 물건을 도둑질하곤 하던 수사에 관한 이야기가 있습니다.

사부는 그 사실을 알고 있었지만 그를 책망하지 않고 "틀림없이 그에게 그것이 필요했을꺼야"라고 말하면서 더욱더 열심히 일했습니다. 그런데 사부는 매우 가난하게 되어 빵조차도 먹을 수 없는 지경에 이르게 되었습니다.

임종을 앞둔 사부는 자기 주위에 둘러 서 있는 수사들 중에서 그 도둑 수사를 자기 곁으로 오라고 해서는 그의 손에 입맞추면서 말했습니다.

"나는 이 손에게 감사합니다. 왜냐하면 나는 이 손 때문에 하나님 나라에 들어가게 되었기 때문입니다."

그 수사는 양심의 가책을 느껴 참회하고, 그 위대한 사부처럼 고난을 견디는 수도사가 되었습니다.

사부들 중 한 사람은 사부들을 새로운 삶으로 인도한 젊은 이들에 관해 성인들에게서 들은 이야기를 말해 주었습니다.

매일 돗자리 하나를 짜서 그것을 마을에 내다 팔아서는 그 돈으로 술을 사 마시는 술 고래 사부가 있었습니다. 후에 한 수사가 그와 함께 살게 되었는데, 그 역시 돗자리를 짜는 일을 했습니다. 사부는 그들이 짠 돗자리를 모두 내다 팔아서는 그 돈으로 술을 마셨고, 젊은이에게는 약간의 빵만을 가져다주곤 했습니다. 사부는 젊은이에게는 아무말도 하지 않고 3년 동안 이렇게 계속했습니다.

그 후 그 수사는 스스로에게 말했습니다.

'내가 얼마나 빼앗겼는가를 보라. 나는 빵을 거의 먹지 못했습니다. 이제 이곳을 떠나야겠다.'

그러나 그는 한번 더 깊이 생각하고서 다음과 같이 말했습니다.

'어디로 가야 하지? 차라리 이곳에 그대로 머물러야겠다. 내가 사부과 함께 사는 것이 하나님을 위하는 일이 되기 때문입니다.'

그 즉시 천사가 그에게 나타나서 말했습니다.

"이곳을 떠나지 말라. 내가 내일 네게로 갈 것입니다."

그날 그 수사는 사부에게 말했습니다.

"멀리 가지 마십시오. 제 친구들이 오늘 제게로 올 것입니다."

그러나 밖으로 나가야 할 시간이 이르자 사부는 그 수사에게 말했습니다.

"나의 아들아, 그들은 오늘 오지 않습니다. 그들은 지체되고 있습니다."

"아닙니다. 그들은 반드시 옵니다."

그가 이렇게 말할 때 사부는 잠이 들어 버렸습니다. 잠시 후 잠에서 깨어난 사부는 울면서 말했습니다.

"아아, 슬프다! 내 아들아, 나는 수많은 세월 동안 게을리 살아왔는데 너는 짧은 시간에 인내에 의해서 네 영혼을 구원받았구나."

그 날 이후 그 사부는 점점 현명해졌고 연단된 수도사가 되었습니다.

◈210◈

어느 사부가 소년 한 명을 데리고 살았습니다. 그는 소년이 해야 할 일을 하지 않는 것을 보고는 단 한번 "그렇게 하면 안돼"라고 이야기했지만, 소년은 말을 듣지 않았습니다. 소년이 불순종했으나 사부는 더 이상 주의를 주지 않고 제멋대로 행동하도록 내버려 두었습니다.

그 소년이 양식을 넣어 두는 방의 문을 잠가 두고 어디로인가 가버렸기 때문에 사부가 13일 동안이나 금식하게 되었습니다. 그러나 사부는 그가 어디에 있는지 어디로 갔는지 묻지도 않았습니다. 사부의 이웃에 살고 있는 사람이 이 소년이 돌아오지 않는 것을 알고서 음식을 만들어 그에게 드리면서 잡수시기를 청했습니다. 이웃은 사부에게 물었습니다.

"그 소년이 왜 이토록 나타나고 있지 않습니까?"

사부는 "그가 원할 때에 돌아올 것입니다"라고 대답할 뿐이었습니다.

☙211❧

어느날 몇명의 철학자들이 수도사들을 시험하러 왔습니다. 그때 아름다운 외투를 걸친 수도사가 그들의 곁을 지나갔습니다. 철학자들이 그에게 말했습니다.

"이리 오라."

그러나 그 수도사는 화를 내고 그들을 조롱했습니다.

리비아 사람인 또 한 수도사가 그들 곁으로 지나가게 되었고, 그들이 그에게 말했습니다.

"너는 비열한 늙은 수도사입니다. 이리 오라."

그리고는 그들은 그를 강제로 끌고 와서는 주먹으로 뺨을 때렸다 그런데 그 수도사는 다른쪽 뺨을 그들에게 내밀었습니다. 철학자들은 자리에서 일어나 수도사 앞에 엎드리며 말했습니다.

"진실로 이 사람이 수도사다."

그리고 그를 자기들 한 가운데 앉히고는 그에게 질문했습니다.

"당신이 사막에서 우리보다 나은 일을 하는 것은 무엇입니까? 당신은 금식하고 우리도 금식합니다. 당신이 모든 것을 삼가시는데, 우리도 역시 삼가는 삶을 삽니다. 당신이 하는 모든 것을 우리도 행합니다. 당신이 사막에서 우리보다 나은 일을 하는 것은 무엇입니까?"

"우리는 하나님의 은혜를 소망하며 우리의 생각을 지킵니다."

그이 말을 듣고 그들은 말했습니다.

"우리는 그 일은 할 수 없습니다."

그들은 사부에게서 감화를 받고서 길을 떠났습니다.

212

한 장소에 두 수도사가 살고 있었습니다. 한 위대한 사부가 그들을 시험하기 위해서 그들을 방문했습니다. 그는 지팡이 하나를 가지고 와서 그들중 한 사람의 야채를 두들기기 시작했습니다. 그것을 본 수사는 숨어 있다가, 야채가 거의 모두 으깨어지고 단 한 포기만 남았을 때 사부에게 말했습니다.

"사부님, 원하신다면, 그것은 남겨 두시지요. 그러면 네가 그것을 요리하여 우리가 함께 먹을 수 있을 것입니다."

사부는 자신의 행동을 뉘우치면서 그 수사에게 말했습니다.

"네 오래 참음 때문에 성령이 네 위에 머무르고 계신다."

사랑하라

☞213☜

한 사부가 자기가 만든 바구니들을 이집트로 가져가기 위해서 제자를 이집트로 보내어 낙타를 끌고 오라고 했습니다. 낙타를 끌고 스케테로 돌아온 제자는 또 다른 한 사부를 만났습니다. 그 사부는 그에게 이렇게 말했습니다.

"네가 이집트를 간다는 것을 알았었더라면, 나도 낙타 한 마리를 부탁했을 텐데."

제자가 스승에게 그 이야기를 하자, 스승은 말했습니다.

"낙타를 끌고 가서 그 사부에게 건네 주며 '우리는 아직 낙타를 쓸 준비가 되지 않았습니다. 그러니 이것을 가져 가십시오' 라고 말하고 너는 다시 그와 함께 이집트로 갔다가, 그가 낙타에서 짐을 다 내린 후에, 그 낙타를 다시 끌고 오너라."

제자는 그 사부에게 가서 말했습니다.

"저희 사부님께서 우리는 아직 장에 갈 준비가 안 되었으니 이 낙타를 끌고 가서 당신이 필요한 대로 사용하시라고 말씀하셨습니다."

그 말을 듣고서 사부는 낙타를 끌고 가서 그것에다 그가 만든 바구니를 실었습니다. 그들이 이집트에 도착해서 실었던 바구니들을 내려 놓은 후, 제자는 낙타를 끌고 가면서 사부에게 말했습니다.

"저를 위해서 기도해 주십시오."

그러자 사부는 물었습니다.

"너는 어디로 가느냐?"

"스케테로요. 그래야 우리의 바구니를 다시 이곳으로 가져올 수 있거든요."

이 일로 인해서 양심의 가책을 받은 그 사부는 자기의 죄를 뉘우치면서 그에게 울면서 말했습니다.

"나를 용서해다오. 너의 큰 사랑이 내게서 나의 받을 보상을 빼앗아갔구나."

○ 214 ○

한 사부가 말했습니다.

"누군가가 네게 무엇인가를 요구했을 때, 비록 그가 요청한 것을 주고 싶지 않더라도 기쁜 마음으로 그것을 주어야 합니다. 성경에는 '누구든지 네게 오리를 가자고 요청하면 십리를 가주어야 한다' 고 기록되어 있기 때문입니다. 다시 말하면 누가 네게 무엇인가를 요청하면, 너는 너의 온 영혼과 마음을 다해 그 요청을 들어주어야 합니다."

◈215◈

켈즈에 두 수사가 살고 있었습니다. 두 사람중 나이가 많은 사람이 자기보다 나이가 적은 사람에게 말했습니다.

"형제여, 함께 삽시다."

그런데 나이 어린 사람은 이렇게 대답했습니다.

"저는 죄인입니다. 저는 사부님하고 함께 살 수 없습니다."

그러나 사부는 계속 고집을 부리면서 말했습니다.

"아니다, 우리는 함께 살 수 있습니다."

사부는 매우 순수한 사람이었고, 수도사가 음란한 생각을 했습니다는 말을 듣는 것조차 싫어했습니다. 젊은이가 사부에게 말했습니다.

"일 주일 동안만 시간을 주십시오. 그후에 다시 말씀을 드리겠습니다."

일 주일이 지난 후 젊은이는 사부에게로 와서 그를 시험해 보기 위해서 다음과 같이 말했습니다.

"사부님, 지난 주에 저는 큰 시험에 빠졌습니다. 제가 심부름으로 마을에 갔을 때 저는 여인과 죄를 짓고 말았습니다."

사부는 젊은 이에게 물었습니다.

"너는 그 일을 회개하느냐?"

"예, 그렇습니다."

"내가 네 죄의 반을 감당하겠다."

이 말을 듣고서 젊은이는 "지금부터 함께 사십시다"라고 말했습니다. 그들은 죽을 때까지 함께 살았습니다.

╼216╾

어느 수사는 자기가 만든 바구니에 손잡이를 붙이고 있다가 이웃이 "어떻게 하면 좋단 말인가? 장날은 가까이 왔는데 바구니에 손잡이를 하나도 달지 못했으니"라고 말하는 것을 들었습니다. 그러자 그는 자기 바구니에 달았던 손잡이를 떼어내어 그 형제에게로 가지고 가서 말했습니다.

"여기에 내가 쓰고 남은 손잡이들이 있네. 이것을 자네의 바구니에 달게나."

이처럼 자신의 일은 그냥 놔두고 그의 이웃의 작업을 끝마치도록 도와 주었습니다.

╼217╾

스케테에 살고 있는 어느 사부가 병이 들었습니다. 그는 신선한 빵을 무척 먹고 싶어 했습니다. 그 이야기를 듣고서 운동을 잘하는 수사 한 사람이 그의 외투를 입고 마른 빵을 집어 들고는 이집트로 가서 그것들을 신선한 빵으로 바꿔 가지고 와서 사부에게 드렸습니다. 아직도 따뜻한 빵을 본 그들은 매우 놀라워했습니다. 그러나며 사부는 "이것은 내 형제의 피입니다"라고 말하면서 먹기를 거절했습니다. 그러나 다른 사부들은 그에게 이렇게 권면했습니다.

"주님을 위해서 드십시오. 그래야 저 형제의 희생이 헛되지 않을 것입니다."

그제서야 사부는 그 빵을 먹었습니다.

◈218◈

한 수사가 사부에게 물었습니다.

"요즘 사람들은 금욕적인 생활을 하는데도 왜 옛날 사람들이 받았던 은혜를 못 받는 것일까요?"

사부가 그에게 말했습니다.

"그때에는 사랑이 있었고 서로가 자기의 이웃을 발전하게 했지만, 요즘은 사랑이 점차 식어지고 있으며 서로가 서로를 퇴보하게 만들고 있습니다. 이것이 우리가 은혜를 받지 못하는 이유입니다."

◈219◈

어느 날 세 명의 수사가 함께 추수를 하기로 하고 추수하러 갔습니다. 그런데 첫날, 한 친구가 병이 나서 일을 하지 못하고 자기의 수실로 돌아가게 되었습니다. 남은 두 사람 중 한 사람이 동료에게 말했습니다.

"형제여, 우리의 친구가 병이 났으니 우리가 더 많은 일을 해서 추수를 마치기로 하세. 그의 기도가 우리로 하여금 그의 몫까지 추수하도록 도울 것이라고 확신하네."

그 일을 다 마치고 임금을 받게 되었을 때 그들은 병들어 추수를 하지 못한 수사를 불러서 말했습니다.

"형제여, 네 임금을 받으라."

"나는 추수하지도 않았는데 어떻게 임금을 받겠느냐?"

그들은 이렇게 말했습니다.

"추수를 끝마칠 수 있도록 도와준 네 기도에 감사합니다. 그러니 와서 네 몫을 받아라."

그들은 그 문제에 관해서 한동안 왈가왈부하지 않을 수 없었습니다. 첫번째 사람은 아무것도 받을 수 없다고 주장했으며, 나머지 두 사람은 만일 그가 받지 않는다면 그들 역시 임금을 받지 않겠다고 했습니다.

그래서 그들은 어느 위대한 사부를 찾아가서 그 일을 판결해 달라고 말씀드렸습니다.

"사부님, 저희 셋은 함께 추수하러 갔습니다. 우리가 밭에서 일을 하던 첫날에 저는 병이 나서 단 하루도 일하지 못한 채 제 방으로 돌아갔습니다. 그런데도 이 형제들은 '와서, 네가 일하지 않았으나 우리가 대신 일했으므로 네 몫으로 나온 이 돈을 받으라'고 저에게 강요하고 있습니다."

그러나 다른 두 친구가 말했습니다.

"사부님, 우리 셋은 함께 일해야 할 분량을 받았습니다. 만일 우리 셋이 함께 일을 했어도 그 일을 끝마칠 수 없었을지도 모릅니다. 그런데 그의 기도 덕분에 우리는 그 일을 빨리 끝낼 수 있었으므로 우리는 그에게 감사하고 '네 몫을 취하라'라고 말했는데 그는 그것을 거부했습니다."

이 말을 듣고 있던 그 사부는 감격하여 그의 제자에게 명령했습니다.

"모든 형제들을 모이라고 신호를 보내거라."

그들이 그곳에 모였을 때 사부는 그들에게 이렇게 말했습니다.

"나의 형제들아, 와서 오늘 행해질 공정한 심판을 들으라."

사부는 그곳에 모인 모든 사람에게 이 세 친구의 이야기를 했습니다. 모인 형제들은 병이 났던 친구에게 그의 몫을 받아서 그가 옳게 여기는 일에 사용하라고 하는 판결을 내렸습니다. 그러자 그 형제는 슬픔의 눈물을 흘리면서 그곳을 떠났습니다.

220

한 사부가 말했습니다.

"우리의 사부님들에게는 고독 속에서 금욕 생활하기를 원하는 젊은 수사들이 마귀의 시험을 받아 생각으로 인한 고통을 받을까 염려하여 그들을 수실로 돌려보내고, 감독하는 관습이 있습니다. 만일 우연히 그들 중 한 사람이 병이 난다면 그들은 그를 교회로 데려갑니다. 그리고 물한 대야를 가지고 와서 병자를 위해서 기도한 다음 그에게 물을 부으면서 모든 형제들이 그를 씻깁니다. 그러면 그 즉시 그는 치유됩니다."

221

오랜 세월 동안 함께 살면서 한번도 다투어 본 적이 없는 두 사부가 있었습니다. 첫째 사부가 말했습니다.

"우리도 남들처럼 싸워 봅시다."

이 말을 듣고 두번째 사람은 이렇게 말했습니다.

"나는 어떻게 싸우는지 모른다네."

첫번째 사부가 그에게 말했습니다.

"보시오. 내가 여기에 벽돌을 한 장 가져다 놓고서 '이것은 내 것이야' 라고 말하면 자네는 '아니냐, 그것은 내 것이야' 라고 말하면 싸움이 시작되는 것이오."

그래서 그들은 벽돌을 한 장 가져다 놓았습니다. 그리고는 첫번째 사부가 말했습니다.

"이 벽돌은 내 것이야."

두번째 사부가 대꾸했습니다.

"아니야, 그것은 내 것이야."

그러자 첫번째 사부가 이렇게 말했습니다.

"그것이 네 것이라면 네가 그것을 가져가라."

결국 그들은 논쟁거리를 발견하지 못하여 싸움을 포기했습니다.

◦222◦

한 사부가 말했습니다.

"나에게 유익한 것이라고 하더라도, 그것이 형제에게 해가 되는 경우, 나는 그것을 갖기를 소망하지 않았습니다. 왜냐하면 나는 형제의 유익은 나를 위한 열매로 가득한 사역이라고 확신하고 있기 때문입니다."

◦223◦

어느 금욕주의자가 마귀에게 사로잡혀 금식할 수 없는 사람을 발견했습니다. 그는 성경에 기록된 것처럼 하나님의 사랑에 감동되어 있었으며, 자신의 유익이 아니라 다른 사람의 선을 구하고 있었습니다. 그는 마귀가 자기 자신에게 들어옴으로써 그 사람이 자유롭게 되기를 기도했습니다.

하나님은 그의 기도를 들으셨습니다. 마귀에 들린 그 금욕주의자는 자기 자신에게 금식과 기도와 성무일도의 의무를 이중으로 부과했습니다. 마침내 하나님께서는 그의 사랑 때문에 그에게서 마귀가 떠나가게 하셨습니다.

◈224◈

한 수사가 사부에게 물었습니다.

"이곳에는 두 수사가 있습니다. 한 사람은 일주일에 6일 동안은 고행을 하면서 고요한 삶을 실천하고, 또 한 수사는 병자들의 시중을 들고 있습니다. 하나님께서는 그들의 사역 중에서 어느 것을 더 기뻐하시겠습니까?"

사부가 말했습니다.

"6일 동안 고요한 삶을 사는 사람은 곤란한 지경에 이르게 된다면 병자들의 시중을 들어주는 사람과 같을 수 없을 것입니다."

◈225◈

한 수사가 병든 교부의 시중을 들고 있었습니다. 그의 몸에서는 고름이 흐르고 고약한 냄새가 났습니다. 수사의 생각이 자신에게 속삭였습니다.

'도망치거라. 너는 더 이상 이 고약한 냄새를 참을 수 없습니다.'

그러나 수사는 대접을 하나 가져다가 사부의 고름을 짜서 받았습니다. 그의 생각이 다시 그에게 도망가라고 속삭였습니다. 그러나 그는 '네가 이 냄새나는 물을 마실 수 없다면 도망해서는 안 된다'라고 다짐했습니다.

그는 고난을 참으면서 그 사부를 보살펴 드렸습니다. 그의 수고를 보신 하나님께서 사부를 치료해 주셨습니다.

∽226∾

스케테의 몇 수사들이 앉아서 더러워진 밧줄을 빨고 있었습니다. 그런데 그들 중 한 사람이 기침을 하고 가래를 뱉기 시작했습니다. 어쩌다 보니 한 수사에게 자꾸 침이 튀었습니다.

그 수사는 아픈 사람에게 "내게 침을 튀게 하지 말아라"라고 말하고 싶었습니다. 그 생각과 싸우고 있던 수사는 스스로에게 "만일 그가 뱉은 침을 먹을 준비가 되었다면 그때 말하라"고 말했습니다. 그래서 그는 "나는 그것을 먹을 수 없습니다. 그러니 나는 그에게 아무말도 할 수 없다"라고 생각했습니다.

∽227∾

교부 한 사람이 손으로 만든 물건들을 팔기 위해 도시로 떠났습니다. 거기서 헐벗은 거지를 본 그는 동정심을 느껴 외투를 벗어서 그에게 주었습니다. 그런데 그 거지는 그것을 팔아버렸습니다. 이 이야기를 들은 사부는 매우 화가 났으며 자기 외투를 벗어준 것을 후회했습니다.

그날 밤 그리스도께서 사부의 꿈에 나타났습니다. 그리스도는 그의 외투를 입고서 그에게 말씀하셨습니다.

"울지 마십시오. 네가 내게 준 외투를 입고 있는 것이 보이지 않습니까?"고 말씀하셨습니다.

환상을 보는 은사를 받은 교부들

∽228∽

몇몇 사부들이 앉아서 영혼에 유익한 일에 관해서 이야기하고 있었습니다.

그들 중 한 사람에게는 환상을 보는 은사가 있었습니다. 그는 천사들이 사부들 사이에서 그들을 영화롭게 하는 것을 보았습니다. 그런데 그들이 영혼에 무익한 이야기를 나누면 그 천사는 사라지고, 돼지들이 고약한 냄새를 풍기면서 그 사부들 사이를 걸어 다니며 더럽히고 있는 것을 보았습니다. 그들이 다시 영혼에 유익한 이야기를 하기 시작하자, 천사들은 돌아와 그들에게 다시 영광을 돌렸습니다.

∽229∽

한 사부가 말했습니다.

"'두로의 서너 가지 죄로 인하여 내가 그 벌을 돌이키지 아니하리니' (암 1:9)라는 성경 말씀의 의미는 이것입니다. 세 가지 죄란 악을 생각하는 것, 그것에 동의하는 것, 그것에 관해서 말하는 것입니다. 그리고 네번째 죄는 그 악을 실제로 행하는 것입니다. 이 일 때문에 하나님은 그의 진노를 결코 돌이키시지 않습니다."

~230~

스케테의 한 위대한 사부에 관한 이야기입니다.

수사들이 수실을 지으면서 기뻐하면서 기초를 놓고 공사를 마칠 때까지 쉬지 않았습니다. 어느날 그는 완성된 수실에 들어가면서 매우 슬퍼했습니다. 수사들이 물었습니다.

"왜 슬퍼하십니까?"

그는 그들에게 말해 주었습니다.

"나의 자녀들아, 이곳은 곧 황폐하게 될 것입니다. 나는 스케테에 큰 화재가 나서 형제들이 나뭇가지로 그것을 두드리는 것을 보았습니다. 다시 불이 붙자 형제들이 다시 그것을 두드렸습니다. 세번째 불이 붙자 그 불이 스케테 전체로 퍼졌으며 아무도 그 불을 끄지 못하는 것을 보았습니다. 이것이 내가 울며 슬퍼하는 이유입니다."

~231~

한 사부가 말했습니다.

"성경에는 '의인은 종려나무같이 번성하며' (시 92:12)라고 말하고 있는데, 이것은 그들의 고상한 행위들로부터 나오는 것은 선과 의와 기쁨이라는 것을 의미합니다. 종려나무는 순결한 백색의 나무로서 그것의 모든 것은 인간에게 유익함을 주고 있습니다. 이것은 의로운 자들에게 있어서도 마찬가지입니다. 그들의 마음은 오로지 하나님만을 보는 단순한 것이며, 또한 믿음으로부터 나오는 조명을 가져서 하얗게 빛나고 있으며, 그들 마음 속에는 의로운 행실만이 있을 뿐입니다. 종려나무와 같이 그들의 날카로운 관점은 마귀들로부터 그들 자신을 방어하기 위한 것입니다."

232

한 사부가 말했습니다.

"수넴 여인이 엘리사를 영접한 것은 그녀가 세상을 멀리하고 하나님만 섬겼기 때문입니다(왕하 4:14). 말하자면 수넴 여인은 사람의 영혼을 대표하고, 엘리사는 성령을 대표하는 것입니다. 영혼이 세상의 염려를 멀리하면 성령은 그에게 임하시며, 그때 그녀가 불임에서 놓여나 임신하게 된 것처럼 성령의 열매를 맺게 된다."

233

교부들 중 한 사람이 말했습니다.

"돼지들의 눈은 본래 땅을 향하고 있으므로 하늘을 올려다 보지 못합니다. 쾌락에 이끌리는 사람도 이와 같다. 영혼이 한번 쾌락에 빠져들면 더 이상 하늘을 바라보지 않습니다."

∞234∞

한 위대한 사부가 통찰력을 가진 사람이 되었습니다. 그는 "세례가 베풀어지는 순간과 수도사가 수도복을 입는 순간에 임하시는 하나님의 능력을 보았습니다"라고 단언했습니다.

∞235∞

어느날 한 사부가 과거의 일을 보는 은사를 받았습니다. 그는 이렇게 말했습니다.
"나는 한 수사가 수실에서 명상하고 있는 것을 보았는데, 그의 방 밖에는 마귀가 서 있었습니다. 그 수사가 기도하는 동안에는 마귀가 그의 방으로 들어갈 수 없었습니다. 그러나 그가 기도를 끝낸 순간 그의 방으로 들어가서 그와 싸우는 것이었습니다."

∞236∞

교부들 중 한 사람이 다음과 같은 이야기를 들려 주었다:
그의 이웃에는 두 명의 수사가 살고 있었습니다. 그들 중 한 사람은 외국인이었고, 다른 한 사람은 그 지방 사람이었습니다. 그 외국인 수사는 좀 게으른 사람이었고, 그 지방 사람은 매우 열심히 사는 사람이었습니다.

그러다가 외국인 수사가 죽었습니다. 통찰력이 뛰어난 사부는 그를 영접하기 위해서 한 무리의 천사들이 온 것을 보았습니다. 하늘나라에 도착하여 그곳에 들어가기 전에 그는 몇 가지 질문을 받았습니다. 그때 위로부터 음성이 들려왔습니다.

"그는 좀 게을렀지만 고향을 떠나 먼 곳에서 고행을 행했기 때문에 이곳에 들어오는 것을 허락합니다."

후에 또 한 사람의 수사가 죽게 되었을 때, 그의 친척들이 모조리 모였습니다. 그런데 사부는 어디에도 천사가 없는 것을 보고서 놀라지 않을 수 없었습니다. 그래서 그는 하나님 앞에 엎드려 물었습니다.

"부주의했던 외국인 수사는 그처럼 많은 영광을 받았는데, 열정적으로 살았던 그 수사는 왜 영접하러 오는 천사가 없습니까?"

한 목소리가 그에게 대답했습니다.

"그 열정적인 수사는 죽을 때 눈을 뜨고서 울고 있는 친척들을 보고 위로를 받았습니다. 그러나 외국인 수사는 비록 게으른 사람이었지만 죽을 때 가족을 한 사람도 보지 못했으며 그 일로 인해서 울었기 때문에 하나님이 그를 위로하신 것입니다."

◈237◈

니코폴리스 사막에 한 은둔자가 살았습니다. 그런데 경건한 평신도

한 사람이 그의 시중을 들곤했습니다. 그곳에서 조금 떨어진 도시에는 하나님을 알지 못하는 부자가 살고 있었습니다. 어느날 그 부자가 죽어 주교를 포함한 온 도시가 초와 향을 가지고 묘지로 나아갔습니다.

은둔자의 종은 항상 하던 대로 빵을 드리기 위해 은둔자에게로 갔다가 그 은둔자가 하이에나에게 물려 죽은 것을 발견했습니다. 그는 땅에 엎드려 이렇게 말했습니다.

"주님, 당신이 이렇게 하신 의미, 곧 불신자의 죽음은 장대하게 추모되었는데, 밤낮 당신을 섬기던 이 수도사는 이렇게 비참하게 홀로 죽고 만 이유를 설명해 주시기 전에는 이곳에서 일어나지 않겠습니다."

그때 주의 천사가 그에게 말했습니다.

"그 불신자는 약간의 선을 행했습니다. 그리고 그는 이 세상에서 보상을 받았기 때문에 저 위에서는 아무것도 받을 수 없습니다. 그러나 이 은둔자는 비록 열심히 덕을 추구했지만 그에게도 역시 다른 사람들과 같이 약간의 잘못이 있었습니다. 그는 이곳에서는 그의 행위에 대한 보상을 받지 못했지만 하나님 앞에서는 완전한 보상을 받게 될 것입니다."

이 말씀에 만족한 종은 공정한 판결을 내리신 하나님께 영광돌리면서 집으로 돌아갔습니다. 그것은 모두 진리였기 때문입니다.

◈238◈

한 사부가 마귀를 볼 수 있게 해 달라고 하나님께 기도했습니다. 하나님은 그에게 "너는 그것들을 볼 필요가 없다"라고 계시하셨으나 그는 계속해서 "주님, 제가 마귀를 만난다고 하더라도 주님의 손이 저를 보호하실 수 있지 않습니까?"라며 고집을 부렸습니다. 그래서 하나님은 그의 눈을 여셔서 마귀들이 벌떼처럼 그의 주위를 돌며 그를 향해 이를 갈고 있는 것을 보게 하셨습니다. 그런 다음에 주의 천사들이 그들을 내쫓아 버렸습니다.

이집트 수도원 운동 연대표

249-51	데시우스 황제에 의한 박해
251	대 안토니 탄생
292	파코미우스 탄생
300	알렉산드리아의 주교 베드로
303	박해 칙령
311	알렉산드리아의 베드로 순교
320	파코미우스가 타베네시에서 공동체를 세움
324	콘스탄틴 유일한 황제가 되다
325	니케아 공의회, 알렉산드리아가 기독교에 있어서 로마에 이어 두번째로 중요한 도시가 되다.
328	알렉산드리아의 대주교 아타나시우스
330	니트리아의 Amoun 스케테의 이집트인 마카리우스
337	콘스탄틴 사망
340	니트리아에서 나온 켈즈가 공동체를 세우다
346	파코미우스 사망.
356	대 안토니 사망
357	아타나시우스가 『안토니의 생애』를 씀.
370	가이샤랴의 주교 바실이 『규율들』을 씀.
373	아타나시우스 사망
373-75	루피누스와 멜라니아가 이집트를 방문함.
379	바실 사망

381	콘스탄티노풀 공의회
389	나치안주스의 그레고리 사망
399-400	오리게주의자들의 논쟁으로 인해서 이집트 수도원 운동이 분열됨.
407-08	야만족들에 의한 제1차 스케테 약탈.
412	루피누스의 『이집트 수도사들의 역사서』가 완성됨. 그가 죽음. 알렉산드리아의 대주교 키릴
419-20	팔라디우스가 『Lausiac History』를 씀.
431	에베소 공의회
434	스케테의 제2차 약탈.
444	알렉산드리아 키릴의 죽음.칼케돈 공의회
455	반달족의 로마 침략

(『교부금언집』은 15세기 동안 기록, 수집되었으며 이후에는 복사, 편집, 부연 설명되는 과정이 시작되었다.)

참고문헌

Peter Brown, *The World of Late Antiquity,* London, 1971.

Owen Chadwick, *John Cassiasn,* CUP, 1950.

Derwas Dhitty, *The Desert a City,* Oxford, 1966; retrinted Crestwood, New Jersey, 1978.

E. R. Hardy, *Christian Egypt,* New York.

Pachomian Koininia, trand. Armand Veilleux, Cistercian Publications, 3 vols., 1982.

The Letters of St. Anthony the Great, trans. Derwas Chitty, SLG Press, 1975.

The Letters of Ammonas trans. Derwas Chitty, SLG Press, 1979.

Life of St. Anthony by Athanasius, trans. R.T. Meyer, Ancient Christian Writers, vol. 10, Washington 1950.

The Ascetic Works of St. Basil, trans W.K. Sowther Clarke, SPCK, 1925.

Three Byzantine Saints, tran. Dawes and Baynes, Blackwells, 1948.

Evagarius Ponticus, *Praktikos and Chapters on Prayer,* trans. John Eudes Bamberger, Cistercian Publications, USA, 1970.

The Ladder of Divine Ascent, John Climacus, trans. Colm Luibheid and Norman Russel, Classics of Western Spirituality, SPCK, London, 1982.

Palladius, *The Lausiac History,* trans. R. T. Meyer, Ancient Christian Writers, vol. 34, Washington, 1965.

Lives of the Desert Fathers, trans. Benedicta Ward and Norman Russel, Mowbrays, 1981.

Wallis Budge, *The Wit and Wisdom of the Christian Fathers of Egypt,* Oxford, 1934.

Owen Chadwick, *Western Asceticism,* SCM Press, 1958.

Thomas Merton, *The Wisdom of the Desert,* Sheldon Press, 1973.

Helen Waddell, *The Desert Fathers,* Constable and Co., 1936.

Benedicta Ward, *Sayings of the Desert Fathers,* Mowbrays, 1979.